La campagne présidentielle de 2012

Votez pour moi !

Logiques politiques
Collection dirigée par Yves Surel

Créée en 1991 par Pierre Muller, la collection « Logiques politiques » a pour vocation principale de publier des ouvrages de science politique, ainsi que des livres traitant de thématiques politiques avec un autre angle disciplinaire (anthropologie, économie, philosophie, sociologie). Elle rassemble des recherches originales, tirées notamment de travaux de doctorat, ainsi que des ouvrages collectifs sur des problématiques contemporaines. Des séries thématiques sont également en cours de développement, l'une d'entre elles visant à publier des ouvrages de synthèse sur les systèmes politiques des États-membres de l'Union européenne.

Dernières parutions

Huseyin SEVIM, *La politique européenne de la Turquie. Acteurs, processus et enjeux (1980-2008)*, 2013.
Patrick QUANTIN et Andy SMITH (sous la dir. de), *Délibération et gouvernance. L'émergence d'une logique d'action ?*, 2012.
Laura MICHEL, *Les industriels et le développement durable. Le cas de l'industrie cimentière*, 2012.
Cécile Pelaudeix, Alain Faure & Robert Griffiths (eds), *What Holds the Arctic Together?*, 2012.
Xabier ITÇAINA et Julien WEISBEIN (sous la dir.), *Marées noires et politique. Gestion et contestations de la pollution du* Prestige *en France et en Espagne.*
Christophe VOILLIOT, *Éléments de science politique*, 2010
Sous la direction de Sylvain BARONE et Aurélia TROUPEL, *Battre la campagne. Élections et pouvoir municipal en milieu rural*, 2010.
Isabelle ENGELI, *Les politiques de la reproduction, Les politiques d'avortement et de procréation médicalement assistée en France et en Suisse*, 2010.
André-Louis SANGUIN, *André Siegfried. Un visionnaire humaniste entre géographie et politique*, 2010.
Bruno PALIER et Yves SUREL (dir.), *Quand les politiques changent. Temporalités et niveaux de l'action publique*, 2010.
Amandine CRESPY et Mathieu PETITHOMME, *L'Europe sous tensions*, 2009.
Laurent GODMER, *Des élus régionaux à l'image des électeurs ? L'impératif représentatif en Allemagne, en Espagne et en France*, 2009.
Jaeho EUN, *Sida et action publique. Une analyse du changement de politiques en France*, 2009.
Pierre MULLER et Réjane SENAC-SLAWINSKI (dir.), *Genre et action publique : la frontière public-privé en question*, 2009.
Yves SCHEMEIL et Wolf-Dieter EBERWEIN (dir.), *Normer le monde*, 2009.

Dominique Labbé et Denis Monière

LA CAMPAGNE PRÉSIDENTIELLE DE 2012

Votez pour moi !

© L'Harmattan, 2013
5-7, rue de l'École-Polytechnique ; 75005 Paris

http://www.librairieharmattan.com
diffusion.harmattan@wanadoo.fr
harmattan1@wanadoo.fr

ISBN : 978-2-336-00671-0
EAN : 9782336006710

Sommaire

Introduction 9

Chapitre 1
La campagne du premier tour 21
   L'état de l'opinion et les stratégies des candidats 21
   Le choix d'entrer en campagne 23
   Les déclarations de candidature 24
   L'intensité de la communication des candidats 26
   Le début de la campagne : les 5 premières semaines 29
   L'entrée en scène du président 30
   Les attentats de Montauban et de Toulouse 31
   La dernière ligne droite 34
   Conclusions 35

Chapitre 2
Les stratégies de communication des candidats 37
   La grille d'analyse 38
   Positivité versus négativité 40
   Les diverses composantes des communiqués 42
   Conclusions 46

Chapitre 3
La spirale de la négativité 47
   La direction des interactions négatives 47
   F. Hollande et N. Sarkozy : la rhétorique de l'invective . 51
   La communication des autres candidats 54
   Conclusions 56

Chapitre 4
Sale mec ou gentil garçon ? 59
   Monsieur F. Hollande :
   électoraliste, démagogique et irréaliste 60
   N. Sarkozy vu par le PS et par F. Hollande 72
   Conclusions 77

Chapitre 5
L'ennemi unique 79
   N. Sarkozy et F. Hollande vus par F. Bayrou 79

    La bande des quatre ?.. 83
    On… mais pas moi 86
    Moi et les autres... 89
    Mise en valeur de soi et critique des autres 92
    Conclusions 95

Chapitre 6
Une certaine idée de la France 97
    Un exemple : la France chez M. Le Pen...................... 98
    La France chez les autres candidats............................ 103
    Surfaces et proximités lexicales 106
    Des univers aux thèmes 108
    Les principaux thèmes transversaux
    de la campagne du premier tour 111
    Conclusions 115

Chapitre 7
Une thématique cadrée et sans relief 117
    Les thèmes préférés de chaque candidat...................... 117
    Trois thèmes dominants... 119
    Autres thèmes majeurs... 127
    Les singularités.. 130
    La course de fond des candidats 133
    Conclusions 137

Chapitre 8
La finale (22 avril-4 mai) 139
    Poursuite de la spirale de la négativité 139
    Faire campagne contre l'autre..................................... 145
    Les principaux thèmes de l'entre-deux-tours 150
    Conclusions 156

Conclusion... 159

Remerciements.. 164

Bibliographie... 165

Annexes... 171

Introduction

Le 6 mai 2012, F. Hollande a été élu président de la République avec 51,6 % des suffrages exprimés. Il succède à N. Sarkozy, candidat pour un second septennat, qui a obtenu 48,4 % des suffrages exprimés.

F. Hollande était en campagne depuis plus d'un an (il avait annoncé sa candidature le 31 mars 2011). Ce sont les primaires du Parti socialiste (PS) – 9 et 17 octobre 2011 - qui ont marqué le véritable début de cette campagne présidentielle mais aussi son "américanisation", à la fois par la durée, les moyens déployés mais aussi l'état de l'opinion.

Dès l'automne, les enquêtes d'opinion plaçaient F. Hollande en tête contre N. Sarkozy, mais elles montraient aussi un très fort niveau d'indécision dans l'électorat, niveau qui est demeuré élevé jusqu'à la veille du scrutin (selon un sondage IPSOS, 28 % des électeurs étaient encore indécis deux jours avant le premier tour[1]).

Ce n'est pas un phénomène propre à la France. Dans toutes les grandes démocraties libérales, les identités partisanes sont déclinantes et les préférences des électeurs sont de plus en plus changeantes, non seulement d'une élection à l'autre, mais aussi durant le déroulement d'une campagne électorale. Non seulement les électeurs sont plus difficiles à mobiliser, mais ils sont nombreux à décider leurs votes de plus en plus tardivement. Ces nouvelles attitudes politiques amplifient les effets des facteurs à court terme et donnent plus d'importance aux stratégies de communication des candidats et des partis qui les soutiennent.

En France, il existe aujourd'hui une riche tradition d'analyse du discours politique[2]. Pourtant, la science politique s'est peu intéressée aux campagnes électorales et aux discours produits pour convaincre les électeurs. La recherche s'est concentrée sur le rôle des médias et sur les intentions de vote mesurées par les sondages. Pour expliquer le vote, on a fait appel à des analyses multi-factorielles mettant en relation un grand nombre de variables socio-économiques mais,

---
[1] Voir *Le Monde,* samedi 21 avril 2012.
[2] Voir *Mots 2010* (numéro commémoratif pour les 30 ans de la revue).

paradoxalement, on a négligé d'introduire la campagne des candidats dans les modèles explicatifs. En quelque sorte, on pourrait dire qu'il y a un chaînon manquant dans la généalogie du vote ou une face cachée des études portant sur les campagnes électorales qui, jusqu'à présent, ont fait abstraction de l'émission des messages pour se concentrer sur leur reprise par les médias, sous forme de "petites phrases" ou de slogans.

Ce désintérêt pour la parole des candidats provient de postulats selon lesquels le discours électoral a peu d'influence sur les électeurs, qu'il est peu fiable et peu utile pour prédire les actions futures des élus et en dernier lieu qu'il n'a de finalité que manipulatrice. Mais, jusqu'à présent, il y avait aussi des raisons techniques à ce désintérêt dans la mesure où il était très difficile de recueillir les discours électoraux. Constituer une collection (un "corpus") exhaustive de ces discours aurait impliqué que les chercheurs puissent suivre à la trace les candidats et enregistrer leurs messages, ce qui s'avérait irréalisable. Aujourd'hui cet obstacle est tombé puisque les discours sont directement accessibles sur les sites internet des candidats et peuvent donc être intégrés dans l'analyse du choix électoral.

Les fonctions du discours électoral

En campagne électorale, le discours a quatre fonctions : mobilisation des partisans, renforcement des opinions favorables, agrégation d'intérêts et information. Ces différentes fonctions des discours sont utilisées selon le moment de la campagne et selon différents types de clientèles auxquelles s'adresse le candidat.

Premièrement, *le discours électoral sert à mobiliser les partisans*. La politique est un jeu collectif, le politicien peut difficilement se faire élire s'il est seul. Il doit s'appuyer sur une équipe de bénévoles ou de supporters qu'il faut mobiliser. En début de campagne, le discours cherchera à stimuler l'ardeur des militants et des bailleurs de fonds. Pour susciter l'engagement dans l'action politique, le politicien doit proposer des objectifs, des idéaux, des raisons de dépenser temps et argent pour participer à une campagne et pour faire élire un candidat ou un parti. La mobilisation s'effectue par le discours qui donne un sens à la lutte électorale en définissant les valeurs et les politiques qu'on désire voir adopter.

Deuxièmement, *le discours électoral sert à renforcer les convictions des partisans*. Le discours électoral sert aussi à battre le rappel des clientèles "naturelles" d'un parti. Il s'agit de renforcer les convictions de ceux qui ont une identité partisane ou qui ont déjà voté pour le parti et qui sont soumis à un flux incessant de messages et d'arguments contradictoires. Il faut donc rassurer ces électeurs et leur dire qu'ils ont raison d'être loyaux et les inciter à continuer à soutenir le parti en montrant qu'il y en a beaucoup qui le font ou qui ont l'intention de le faire. Le discours contribue ainsi à maintenir la stabilité des opinions politiques.

Troisièmement, *le discours électoral vise à rassembler une majorité en agrégeant des intérêts divers*. Dans une société pluraliste, la prise du pouvoir suppose qu'un parti ou un candidat puisse rallier une majorité relative d'électeurs qui ont des intérêts diversifiés et qui ne sont pas nécessairement très politisés. L'électorat est segmenté en plusieurs groupes de citoyens différenciés par l'âge, le sexe, le revenu, la religion, la langue, l'ethnie. Ces différents facteurs configurent des allégeances, des intérêts, des clivages et des conflits. Le discours doit donc rassembler différents segments de la population en proposant une image et des objectifs susceptibles d'attirer ces segments divers.

Pour maximiser ses soutiens, le parti et le candidat devront alors prendre des engagements, faire des promesses. On imagine mal un candidat se présenter aux élections sans programme ou encore faire campagne en promettant que s'il est élu, il ne fera rien pour ses électeurs. L'électeur attend des candidats qui sollicitent son vote qu'ils offrent en retour des politiques qui les avantagent. La compétition électorale entre plusieurs partis favorise la surenchère, car pour gagner la course il faut offrir plus de la même chose ou offrir d'autres avantages comparables. Il s'agit alors de bien calibrer ses engagements pour répondre à des attentes diversifiées, qui soient à la fois susceptibles de rassembler le plus grand nombre et d'indisposer le moins possible d'électeurs.

Certains observateurs[1] ont constaté que le style et le contenu des discours évoluaient au cours d'une campagne électorale. En début de campagne, les discours visent à mobiliser le soutien des militants, des

---

[1] Voir Cotteret 1976. C'est également ce que nous avons constaté au Québec et au Canada (par exemple : Monière 1988 ; Monière & Guay 1994, 1995, 1996).

partisans et des bailleurs de fonds. Dès lors, le discours tend à être plus politisé, plus près de l'idéologie du parti, afin de mobiliser les soutiens naturels du parti. Dans un deuxième temps, le discours se banalise ou se dépolitise. Le message devient plus neutre pour ne pas choquer. Il tend à se rapprocher de ce que l'on appelle l'électeur médian. Le locuteur cherche alors à se faire rassurant et rassembleur afin de rallier les indécis ou les indifférents.

Quatrièmement, *le discours électoral sert à informer l'électeur*. Si on se place du point de vue de l'électeur, la fonction la plus importante du discours électoral est de communiquer de l'information sur les orientations futures du gouvernement. La campagne électorale est le moment privilégié où l'électeur peut avoir accès, à un coût raisonnable, aux informations pertinentes pour la gouverne collective et effectuer un choix politique rationnel. Le citoyen peut donc utiliser les discours électoraux comme mode de prévision des actions gouvernementales. Même s'il y a des préjugés tenaces envers la fiabilité des politiciens, les recherches américaines et canadiennes montrent que le taux de fiabilité entre les engagements et les réalisations est assez élevé, oscillant entre 70 et 75% (du moins en dehors des crises économiques et financières)[1].

Ce livre analysera les stratégies de communication des principaux candidats à l'élection présidentielle française en poursuivant trois objectifs. En s'appuyant sur une information fiable et de première main, puisqu'elle provient, au jour le jour, des candidats eux-mêmes, la dynamique de la campagne se révélera ainsi que les positionnements idéologiques et stratégiques de chaque candidat. Nous serons en mesure d'évaluer les composantes et les axes de leur communication électorale. Cela mettra en lumière les principales caractéristiques des discours de chaque candidat, ce qui permettra de tracer une sorte de "portrait" lexical et thématique.

---

[1] Voir Krukones 1984 et Monière 1987.

Le corpus analysé

Afin de décrypter la dynamique de la campagne présidentielle et d'identifier les stratégies de communication, nous avons recueilli les discours, les entretiens et les communiqués de presse mis en ligne sur les sites des principaux candidats soit : François Bayrou, François Hollande, Marine Le Pen, Jean-Luc Mélenchon et Nicolas Sarkozy[1] (tableau 1).

Tableau 1. Le corpus et les principaux sous-corpus

		Nombres textes	Nombres mots	Vocabulaire
Bayrou	Communiqués Bayrou	133	77926	5388
	Communiqués Modem	107	47615	3982
	Discours et entretiens	54	250812	7256
	Total Bayrou	**294**	**376 353**	**9 527**
Hollande	Communiqués Hollande	124	42689	4115
	Communiqués PS	423	142825	7931
	Discours et entretiens	107	435234	8199
	Total Hollande	**654**	**620 748**	**11 615**
Le Pen	Communiqués Le Pen	61	11835	2379
	Communiqués FN	175	42235	5278
	Discours et entretiens	22	83624	6172
	Total Le Pen	**258**	**137 694**	**8 672**
Mélenchon	Communiqués Mélenchon	33	3 457	1 054
	Communiqués FG	98	26966	3838
	Discours et entretiens	3	15032	1953
	Total Mélenchon	**134**	**45 455**	**4 870**
Sarkozy	Communiqués Sarkozy	91	44 417	4 073
	Communiqués UMP	715	186 045	7 681
	Discours et entretiens	95	363 096	8 756
	Total Sarkozy	**901**	**593 558**	**11 026**
Total		**2 241**	**1 773 808**	**19 594**

---

[1] Nous avons retenu les candidats qui dans les sondages obtenaient plus de 5% des intentions de vote au début de 2012.

Ce corpus est original car, pour la première fois dans l'étude des campagnes électorales, on a pu suivre, au jour le jour, l'évolution de la communication des candidats. Nous avons recueilli 2 241 communiqués, discours et entretiens totalisant 1 773 808 mots. C'est notamment la première fois que les communiqués de presse font l'objet d'une analyse approfondie.

Les communiqués de presse

Les communiqués sont particulièrement révélateurs des stratégies de communication parce qu'une campagne électorale est avant tout une bataille pour le contrôle de l'ordre du jour. Chaque candidat cherche à occuper l'espace médiatique et à imposer les enjeux susceptibles de lui attirer le plus grand nombre d'électeurs (Brugidou 1995). Les candidats construisent un plan de communication pour alimenter chaque jour les médias en informations, espérant ainsi fixer les critères de jugement utilisés par les électeurs pour évaluer les candidats en compétition. Les communiqués constituent le cœur de cette opération de persuasion. Ils définissent de façon synthétique les thèmes sur lesquels seront centrées les interventions des porte-paroles des partis et sont ainsi révélateurs des positionnements stratégiques des candidats. Cette source d'information est fiable puisqu'elle est officielle, la diffusion des communiqués et des discours étant sous le contrôle des candidats.

N. Sarkozy disposait d'une équipe de campagne importante, incluant des politiques et des rédacteurs de communiqués dont les plus actifs furent C. Bedin, B. Lancar, G. Peltier, B. Beschizza, S Huyghe, V. Rosso-Debord, F. Riester. La porte-parole officielle de N. Sarkozy était N. Kosciusko-Morizet. Cette équipe pratiquait la "chasse en meute". Elle ciblait chaque jour une intervention de son adversaire socialiste et confiait à ses plumes la tâche de produire une rafale de communiqués qui répétaient sensiblement les mêmes dénonciations avec les mêmes mots et la même tonalité virulente. Cette stratégie de la rafale explique le haut niveau de négativité manifesté par les sarkozystes.

Les autres candidats ont également confié l'organisation de leur campagne, leur communication et leurs discours à des proches assistés de spécialistes. Le candidat socialiste disposait d'une équipe de 28 personnes dirigées par M. Valls et qui, pour la plupart, étaient assignées à des dossiers particuliers. La porte-parole officielle de F. Hollande était N. Vallaud-Belkacem. M. Le Pen ne fut pas en reste sur le plan de la communication, elle pouvait compter - en plus de son mari L. Aliot qui était aussi son porte-parole officiel - sur les plumes de 23 collaborateurs qui avaient chacun leur spécialité. F. Bayrou ne disposait pas d'autant de ressources rédactionnelles dans son équipe de campagne ce qui l'obligea à assumer une part substantielle de la production des communiqués. En plus de sa porte-parole officielle M. de Sarnez, il comptait sur les plumes de J.-L. Benhamias, R. Rochefort et P. Douste-Blazy. Occasionnellement, des députés et des sénateurs sympathisants venaient leur prêter main-forte. Le parent pauvre de cette élection semble avoir été J.-L. Mélenchon. Il a eu recours, en plus de son directeur de campagne, F. Delapierre, à deux rédacteurs principaux : I. Brossat et E. Coquerel qui, comparativement aux autres équipes, se sont montrés moins prolixes.

La collecte des communiqués a débuté le 1er janvier 2012. Cette date a été retenue parce qu'elle correspond à la période de la précampagne, telle qu'établie par le Conseil supérieur de l'audiovisuel qui a fait appliquer la règle de l'équité dans les médias à partir de cette date. Le corpus a été découpé en semaines car cette coupure temporelle semblait correspondre au rythme de la campagne, dans la mesure où les candidats réservent leurs grandes assemblées publiques aux fins de semaine et aussi parce que les maisons de sondages réalisent leurs enquêtes, elles aussi, les vendredi et samedi pour publier les résultats le dimanche.

Les fonctions des communiqués

Ils visent trois cibles. Ils sont habituellement destinés aux journalistes et servent à transmettre des informations sur les activités électorales et sur les positions des candidats qui s'expriment sur des questions d'actualité. Ils nourrissent en quelque sorte les journalistes qui ne sont pas en mesure de couvrir les événements de la campagne et qui y trouvent de la matière pour rédiger leurs articles. Ces communiqués sont particulièrement utiles pour la presse régionale qui n'a pas les ressources pour suivre les activités de tous les candidats sur l'ensemble du territoire, mais ils peuvent aussi à l'occasion alimenter les journaux nationaux qui les citent dans leurs reportages.

A l'ère d'internet, ces communiqués peuvent aussi avoir une fonction d'information auprès des militants et des sympathisants qui utilisent les sites pour suivre la campagne. Dans ce type de textes, le candidat diffusera les entrevues qu'il a accordées à des journaux afin de propager son argumentaire auprès de ses militants et sympathisants qui, à leur tour, transmettront l'information dans leur entourage.

Enfin, il ne faut pas perdre de vue que les communiqués sont aussi répertoriés dans les moteurs de recherche, comme Google, ce qui amplifie leur diffusion et leur impact sur certains segments de l'opinion publique qui utilisent la toile comme source d'information.

Comme ces textes sont intégralement contrôlés par celui qui les émet, ils mettent en évidence les qualités du candidat ou les avantages de ses politiques afin de construire une image positive ou, à l'inverse, ils permettent de dénoncer les politiques des adversaires. Le but des équipes de communication des candidats est de saturer l'espace médiatique, d'utiliser les journalistes et les médias comme relais et d'influer sur la perception des électeurs.

Nous avons également collecté les discours et les entretiens que les candidats ont diffusés sur leur site internet. Le tableau 1 ci-dessus présente la distribution du corpus par candidat.

Ce tableau appelle quelques remarques préalables. Il faut d'abord souligner des différences de comportement des candidats qui expliquent les écarts importants tout particulièrement au chapitre du nombre de discours et d'entretiens. Ainsi M. Le Pen et J.-L. Mélenchon n'ont pas transcrit systématiquement le verbatim de leurs prestations publiques et se sont contentés de mettre sur leur site des vidéos reproduisant des extraits et, parfois, l'intégralité de leurs discours.

De plus, il ne suffit pas d'"enfourner" les textes dans l'ordinateur pour obtenir une analyse scientifique de leurs contenus. Divers traitements préalables sont indispensables.

Traitement préalable des textes

En analyse du discours assistée par ordinateur – comme dans toute opération statistique – la fiabilité des résultats dépend de la qualité de la collecte des données et des traitements préalables qui leur sont appliqués[1]. En premier lieu, l'orthographe a été soigneusement corrigée et les graphies multiples ont été standardisées. Par exemple, "événement" et "évènement" ne sont qu'un même mot écrit de deux manières différentes de même que "puis" et "peux", etc.) Dans un texte en français, plus d'un mot sur dix est susceptible de s'écrire de plusieurs manières. Cela concerne particulièrement les majuscules initiales de phrase, les sigles, les abréviations, les noms propres, les chiffres et les dates dont la transcription est d'une infinie variété… La correction et la standardisation orthographiques sont partiellement effectuées par des automates, mais les interventions manuelles sont nombreuses et suivent des règles précises.

En second lieu, des balises indiquent les sources du texte puis délimitent les séquences (début et fin des propos des orateurs, interruptions, questions et réponses pour les interviews). Ce travail est indispensable pour ne pas confondre les propos du candidat – qui font seuls l'objet des analyses présentées ici - avec ceux des journalistes ou des autres participants aux réunions publiques qu'il est pourtant essentiel de conserver pour la bonne compréhension du texte.

Enfin, la lemmatisation attache à chacun des mots du texte une étiquette contenant la graphie standard et l'entrée sous laquelle le mot peut être retrouvé dans un dictionnaire. Par exemple, "puis" peut recevoir deux étiquettes différentes (selon le contexte) : "puis, adverbe" ou "pouvoir, verbe". Ce travail est indispensable pour trois raisons essentielles. En premier lieu, dans tout texte en français, plus du tiers des mots sont "homographes" : une seule graphie mais plusieurs entrées possibles dans le dictionnaire (par exemple, la forme "pouvoir" qui intéresse tant les politologues : substantif masculin ou verbe à l'infinitif ?) La lemmatisation met de l'ordre dans ce chaos et permet de consulter une base de données textuelles comme on le fait avec un dictionnaire. Deuxièmement, la langue française étant fortement flexionnelle, la lemmatisation réduit considérablement le nombre des individus rares – sur lesquels le statisticien n'a rien à dire sinon qu'ils sont rares…

---

[1] Pour le détail de ces traitements : Labbé 1990b et 2002a.

Les objectifs de la recherche

La constitution de ce corpus visait à répondre à une question apparemment simple : quelles ont été les principales caractéristiques de la communication des candidats ? A cet effet, deux analyses ont été mobilisées.

Premièrement, une analyse de contenu[1] a porté sur les seuls communiqués émis par les candidats et par leurs partis. Elle a mesuré trois dimensions :

1. *L'intensité de la campagne de communication de chaque candidat* est évaluée par un indicateur d'activité qui calcule le nombre d'interventions et le nombre de mots utilisés.

2. *Les choix stratégiques des candidats* sont repérés et comparés par la construction d'indices de positivité et de négativité permettant de savoir s'ils préfèrent parler en bien d'eux-mêmes ou en mal de leurs adversaires.

3. *Les principaux axes de communication privilégiés par chaque candidat.* Un inventaire hebdomadaire des enjeux et des thèmes sur lesquels ils interviennent permet de dégager ces axes.

Chaque communiqué a été codé en fonction des catégories suivantes : l'état de la situation, la présentation de soi, les réalisations, les offres de politiques, les soutiens et les annonces[2]. La phrase a été utilisée comme unité de numération et chaque phrase a été classée dans l'une de ces catégories.

Deuxièmement, la lexicométrie – c'est-à-dire la science qui résulte du mariage de la lexicologie avec la statistique et l'informatique[3] – a été utilisée dans un triple but.

Afin de réduire le degré d'incertitude de l'analyse de contenu et de mieux cerner les axes de communication, le recensement des vocables les plus fréquents et de toutes les références aux noms des

---

[1] Voir Bardin 1991.
[2] Chacune de ces catégories est définie au chapitre 2.
[3] Pour l'application de la lexicométrie au discours politique, voir notamment : Labbé & Monière 2003, 2008a (ce dernier ouvrage est consultable en ligne) et l'ensemble des travaux des auteurs cités en bibliographie.

chefs et des partis (substantifs et adjectifs) sert à déterminer les cibles des attaques et des critiques.

La lexicométrie caractérise également le rapport qu'ont entretenu les candidats avec leurs auditoires, leurs adversaires et les tiers ("énonciation de la subjectivité").

Enfin, elle permet de dégager les thématiques de chacun des candidats, le contenu des principaux thèmes, le poids qui leur était accordé ainsi que leur orientation (servaient-ils plutôt à mettre en valeur le candidat ou à critiquer les autres ?)

Les trois premiers chapitres de cet ouvrage sont principalement consacrés à l'analyse de contenu de la communication des cinq principaux candidats. Les chapitres 4 à 8 présentent leurs thématiques.

Chapitre 1
La campagne du premier tour

Une campagne électorale n'est pas un processus étale, elle connaît des périodes de plus ou moins forte intensité. Elle est d'abord scandée par le calendrier électoral qui fixe des règles aux protagonistes qui doivent moduler leur stratégie en conséquence. Elle évolue ensuite selon les événements, les stratégies des candidats, elles-mêmes dépendantes de l'état de l'opinion publique. Quelle était la situation, de ce point de vue, au début de l'année 2012 ? Et comment chaque candidat est-il entré en campagne ?

L'état de l'opinion et les stratégies des candidats

Le positionnement stratégique des candidats est fonction de la rencontre entre leurs orientations et les attentes de l'opinion publique. Ils doivent à la fois s'inscrire dans la trame du présent, en proposant des réponses aux problèmes de l'heure, et se projeter dans un avenir plus ou moins lointain pour susciter des espoirs de progrès. Trois variables peuvent moduler leur stratégie de communication : ils doivent tenir compte de leur popularité (ou impopularité) auprès de l'opinion publique, de leur image et enfin des préoccupations des électeurs.

Au début de 2012, à titre de président sortant, N. Sarkozy devait assumer une situation peu reluisante : dette publique considérable, taux de chômage élevé et dégradation de la cote de crédit de la France. De plus, une majorité de Français se montraient réfractaires à son style de gouvernement. Au début 2012, le taux d'insatisfaction envers le président atteignait 64% alors que F. Hollande obtenait un taux de satisfaction de 48% et qu'il devançait le président en place de 16 points[1].

Pour évaluer les perceptions des électeurs à l'endroit des candidats, nous nous référons aux enquêtes de la SOFRES menées pour le compte du groupe de recherche TRIÉLEC, les 2 et 3 février 2012[2]. La perception des candidats repose sur quatre dimensions : les

---

[1] Sondage IFOP, 9-17 février 2012.
[2] www.trielec2012.fr.

inquiétudes qu'ils suscitent, le sentiment de proximité qu'ils inspirent, leur aptitude à être président, leur volonté de changement. N. Sarkozy et M. Le Pen se démarquaient de leurs adversaires par le sentiment de crainte qu'ils inspiraient à une majorité de répondants (respectivement 63 % et 53%). F. Bayrou pour sa part ne suscitait presque pas d'inquiétude alors que F. Hollande et J.-L. Mélenchon se situaient à 30%.

F. Bayrou et F. Hollande étaient les candidats perçus comme étant les plus près des préoccupations des Français avec un score de 60%, alors que les trois autres se situaient à 33%. Pour la compétence à être président, N. Sarkozy et F. Hollande arrivaient au coude-à-coude avec 60% des répondants. Pour les autres candidats, l'évaluation de leur capacité présidentielle était inférieure à 50%. Au chapitre de la volonté de changement, les électeurs accordaient leur préférence à F. Hollande (65%) à M. Le Pen (58%) et à F. Bayrou (56%) alors qu'ils refusaient cette capacité à N. Sarkozy (45%)[1].

A la fin de 2011, les Français se disaient préoccupés principalement par la situation économique. Interrogés sur les enjeux prioritaires, ils les hiérarchisaient ainsi : la diminution de la dette et du déficit (79%), l'amélioration de la situation des salariés (58%), la diminution des impôts (57%), le renforcement des services publics (48%). Pour surmonter la crise économique, ils faisaient plus confiance à l'État français et à la souveraineté nationale (52%) qu'au renforcement des pouvoirs de l'Europe (41%). Enfin, 48% se disaient favorables à l'augmentation de l'impôt sur la fortune. Un autre sondage réalisé pour le compte de l'*Expansion* montrait que 86% des Français se disaient préoccupés par le pouvoir d'achat et 68% avaient une vision pessimiste de l'avenir[2].

Naturellement, cet état de l'opinion était bien connu des candidats et de leurs équipes de campagne. Nous verrons en effet que ces différents enjeux ont bien été au cœur de la campagne, même si chaque candidat les a déclinés selon sa sensibilité politique. Cet état de l'opinion a d'abord pesé sur l'entrée en campagne.

---

[1] *Ibid.*
[2] Sondage réalisé entre le 16 et le 19 mars par Harris pour l'*Expansion*.

Le choix d'entrer en campagne

Formellement, la campagne a débuté un an avant le jour du scrutin. A partir du 1er avril 2011, les candidats éventuels devaient comptabiliser les dépenses engagées en vue de se faire élire. Le candidat devait aussi identifier un mandataire responsable de recueillir les fonds nécessaires à sa campagne.

La précampagne s'est ouverte le 31 décembre avec la clôture de l'inscription sur les listes électorales. De cette date jusqu'à la publication au *Journal officiel* de la liste des candidats ayant obtenu les 500 parrainages, le 19 mars, les candidats devaient recevoir un traitement équitable en temps de parole et en temps d'antenne sur les chaînes de télévision et les radios. La réglementation du Conseil supérieur de l'audiovisuel prévoit aussi que, du 19 mars au 9 avril, le traitement accordé à chaque candidat doit être équitable en temps d'antenne mais égal en temps de parole. Enfin, du 9 avril au 20 avril, le traitement des candidats doit être égal non seulement en temps de parole mais aussi en temps d'antenne qui leur est consacré.

A l'intérieur de ce calendrier, les candidats décident eux-mêmes de leur rythme d'activité. Par exemple, ils peuvent choisir d'entrer plus tôt en campagne pour se faire connaître et occuper l'espace médiatique – comme ce fut le cas de F. Hollande - ou à l'inverse - comme N. Sarkozy - retarder le plus possible l'annonce officielle de sa candidature, pour profiter de sa position officielle et pour concentrer les dépenses électorales sur une plus courte période. Enfin les événements de campagne, comme les grands rassemblements, marquent autant d'étapes dans la communication électorale.

Des événements exceptionnels peuvent aussi venir perturber le cours d'une campagne électorale, comme cela s'est produit en 1988 avec la prise d'otage des Kanaks qui a débuté le 22 avril 1988 au matin, sur l'île d'Ouvéa, deux jours avant le premier tour des élections présidentielles, et qui entraîna la mort de quatre gendarmes. Cette crise se termina dans un bain de sang deux jours avant le deuxième tour. En 2012, des incidents tragiques survinrent également en pleine campagne. Durant la semaine du 18 au 24 mars, l'actualité a été dominée par le meurtre de trois militaires (Montauban 11 et 15 mars) puis de trois enfants et d'un père de famille devant une école juive de Toulouse (19 mars). L'assassin – qui se réclamait de l'islamisme radical - a été retrouvé par la police et abattu le mercredi 21 mars. Ces événements dramatiques ont-ils eu des répercussions sur la campagne présidentielle ?

La mesure de l'intensité de la communication des candidats, permettra de répondre à ces questions et d'identifier les moments marquants de cette campagne. Le niveau d'activité permet de repérer les périodes de forte et de faible intensité.

Les déclarations de candidature

Tout en étant soumis au même cadre règlementaire, les candidats restent maîtres de leur calendrier et n'annoncent pas officiellement leur candidature en même temps ni de la même façon. Le PS et le Parti radical de gauche, en choisissant de procéder à une primaire pour désigner leur candidat, ont bénéficié d'une grande visibilité médiatique durant les mois d'août, septembre et octobre. Le scrutin de désignation du candidat a eu lieu le 9 octobre 2011, suivi d'un second tour le 16 octobre suivant. Contrairement aux deux primaires précédentes de 1995 et 2006 – réservées aux seuls adhérents des partis -, celle-ci était ouverte à tous les citoyens inscrits sur les listes électorales et qui se "reconnaissaient dans les valeurs de gauche". Cette stratégie d'ouverture a permis au PS de recueillir 4,8 millions d'euros - car pour voter il fallait débourser 1 euro - pour un bénéfice net d'environ un million d'euros. F. Hollande a été officiellement investi le 22 octobre 2011. A cette occasion, il a prononcé un discours-programme et il a lancé le mot-slogan de toute sa campagne : "changement".

J.-L. Mélenchon a proposé sa candidature à l'élection présidentielle le 21 janvier 2011 avec le soutien du Parti de gauche, de la Gauche unitaire et de la Fédération pour une alternative sociale et écologique. Le 5 juin 2011, 63,6 % des 800 délégués du Parti communiste français, réunis lors d'une conférence nationale à Montreuil, ont voté en faveur d'une résolution politique incluant la candidature de J.-L. Mélenchon pour l'élection présidentielle de 2012. Lors d'une consultation interne, qui s'est tenue du 16 au 18 juin 2011, les militants communistes se sont prononcés majoritairement en faveur de sa candidature.

M. Le Pen, présidente du Front national (FN), a annoncé sa candidature le 16 mai 2011. Le 19 novembre 2011, elle a fait un discours pour présenter son projet présidentiel et définir ses objectifs de campagne. Son ambition était de fermer la parenthèse de l'hyper-libéralisme et du mondialisme, et de redonner à la France son indépendance en matière diplomatique, monétaire, économique, commerciale, industrielle, sociale, démographique, culturelle, de défense, d'éducation... Elle proposait une politique de ré-industrialisation et de relocalisation - afin de revenir au plein emploi, à l'équilibre commercial et du budget de l'État – l'abandon de l'euro et la sortie de l'OTAN.

F. Bayrou, président du Modem, a annoncé sa candidature le 7 décembre à la maison de la Chimie à Paris. Il a défini en ces termes le sens de sa candidature : "Je me présente devant vous en homme libre avec un projet et une volonté pour notre peuple et notre pays." Il s'est proposé comme le candidat de "l'espoir et de la vérité" pour "tenir le gouvernail de la France en ces temps de tempête" mais il n'a détaillé son programme qu'au début de l'année suivante.

N. Sarkozy, le président en titre, fut le dernier à entrer en lice. Il a déclaré qu'il était candidat à sa succession par une simple réponse à une question, sur le plateau du 20h de TF1, le mercredi 15 février : "Oui, je suis candidat à l'élection présidentielle." Cette stratégie de la déclaration tardive lui a permis de profiter de l'exposition médiatique que lui assurait la fonction de président et aussi d'économiser les dépenses de campagne. Mais N. Sarkozy ne fut pas le président sortant qui s'est déclaré le plus tardivement, au contraire. Ses prédécesseurs, confiants dans leur destin présidentiel et dans leur bilan, sont restés en fonction plus longtemps que lui. En 1965, C. de Gaulle s'est déclaré un mois avant le premier tour, tout comme V. Giscard d'Estaing en 1981 et F. Mitterrand en 1988. J. Chirac fit exception à la règle en annonçant sa candidature deux mois avant le premier tour, le 11 février 2002.

Ne pas être candidat déclaré ne signifiait pas que le tenant du titre ne faisait pas campagne. Pendant que le président multipliait les discours et les interventions publiques, l'UMP menait une campagne vigoureuse contre le camp adverse. Ainsi, dès le début de l'année

2012, N. Sarkozy et ses partisans menaient une campagne de communication très intense.

L'intensité de la communication des candidats

Pour évaluer l'évolution d'une campagne électorale, il faut disposer d'indicateurs empiriques qui reflètent l'effort de communication des candidats. A cet égard, l'intensité de la communication est mesurée en recensant le nombre de communiqués émis (graphique 1) ainsi que le nombre de mots utilisés (graphique 2). On peut ainsi identifier les temps forts et les passages à vide des campagnes respectives.

Graphique 1. Distribution du nombre de communiqués des candidats et de leurs partis du 1er janvier au 21 avril 2012 (par semaine)

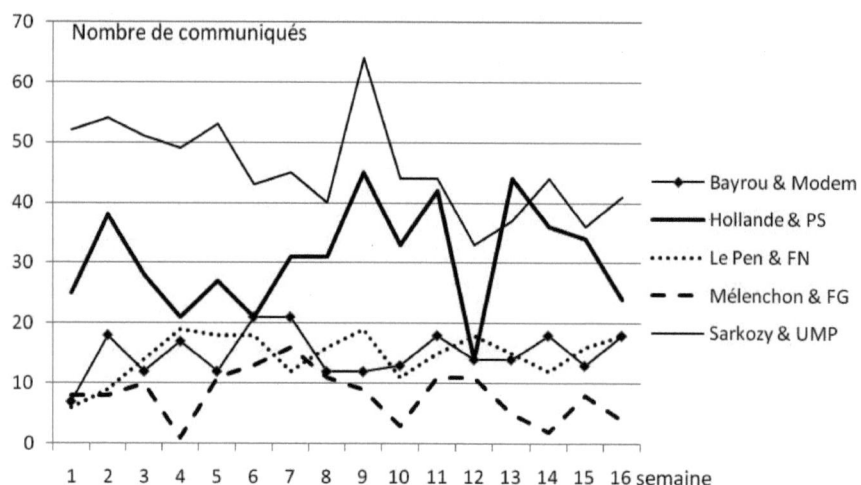

Pour les trois candidats qui avaient peu de chances d'accéder au second tour (F. Bayrou, M. Le Pen, J.-L. Mélenchon), on observe une relative stabilité de leur investissement en communication : le nombre de messages émis hebdomadairement est habituellement inférieur à 20 et, pour le candidat du Front de gauche (FG), il est inférieur à 10 (sauf une légère pointe début février). Le président en place domine largement la campagne et cela même dans les premières semaines où seul son parti, l'UMP, était en campagne. De leur côté F. Hollande et le PS ont fait une campagne active en diffusant en moyenne 34 communiqués par semaine comparativement à 50 pour N. Sarkozy et l'UMP.

Les courbes les plus chahutées sont celles des deux principaux candidats. Les pics de communication indiquent les temps forts de la campagne de F. Hollande et de N. Sarkozy. Ainsi, le discours du Bourget (22 janvier, 4e semaine), où le candidat socialiste décline son projet présidentiel, suscite-t-il un afflux de messages. Le même scénario se produit lorsque N. Sarkozy annonce officiellement sa candidature (15 février : 8e et 9e semaines) : les deux camps intensifient leur communication, les uns pour vanter les mérites du président, les autres pour décrier son "bilan". A l'inverse, des creux se produisent dans la semaine des assassinats de Montauban et de Toulouse (12e semaine).

Graphique 2. Distribution du nombre de mots dans les communiqués des candidats et de leurs partis du 1er janvier au 21 avril 2012 (par semaine)

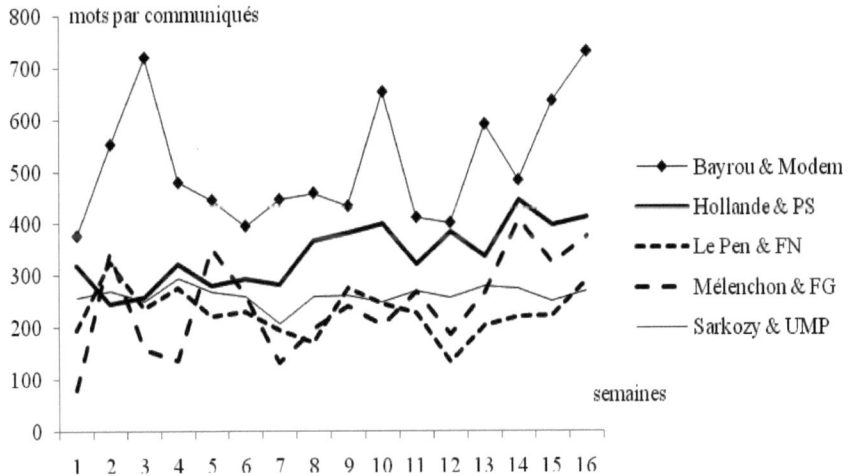

Les comportements des équipes de communication peuvent aussi être illustrés par l'évolution de la longueur moyenne des communiqués en nombre de mots. Avant d'analyser le graphique illustrant cette évolution, examinons la longueur moyenne des messages, émis par les candidats et leur parti, sur l'ensemble de la période (tableau 2).

Tableau 2. Distribution du nombre de mots moyen par communiqué du candidat et de son parti (sur l'ensemble de la campagne du 1er tour ; 100 = J.-L. Mélenchon)

	F. Bayrou	F. Hollande	M. Le Pen	J.-L. Mélenchon	N. Sarkozy
candidat	515	303	171	100	206
parti	372	300	212	242	438

On note qu'il y a une certaine cohérence entre les choix de F. Hollande et du PS, et, dans une moindre mesure entre F. Bayrou et son parti. En revanche, ceux de J.-L. Mélenchon et du FG comme ceux de l'UMP et de N. Sarkozy sont plus discordants. Les communiqués émis par les candidats sont, en moyenne, deux fois à deux fois et demie plus brefs que ceux de leurs partis. En fait, cette moyenne peut varier grandement au cours du temps (graphique 3).

Graphique 3. Évolution de la longueur moyenne des communiqués en mots par semaine (campagne du premier tour)

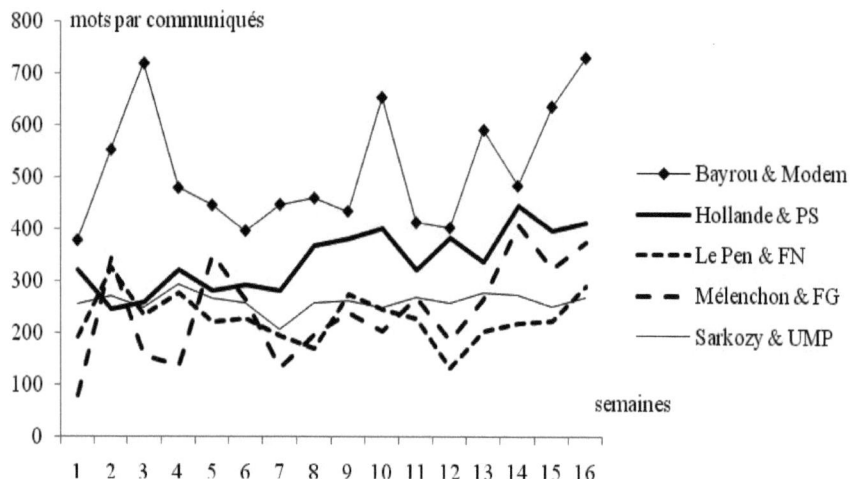

Au-delà des fluctuations conjoncturelles importantes pour certains candidats (notamment F. Bayrou et J.-L. Mélenchon), ces courbes révèlent l'évolution des choix de communication des candidats entre le début et la fin de la campagne. F. Bayrou privilégie, plus que les autres, les communiqués longs et argumentés, genre auquel cèdent progressivement F. Hollande et, dans une moindre mesure, J.-L. Mélenchon et son équipe. M. Le Pen et N. Sarkozy, de même que leurs partis respectifs, développent un autre style en utilisant des communiqués plus brefs et incisifs. La tendance à l'alourdissement est particulièrement nette chez F. Hollande et le PS. En moyenne, la longueur augmente de 11 mots chaque semaine pour finir à plus de 400 mots durant les trois dernières semaines. Tous les candidats, à l'exception de N. Sarkozy, ont tendance à allonger leurs communications dans les dernières semaines de la campagne.

L'explication de ce phénomène réside essentiellement dans le choix entre les registres polémique ou pédagogique. La polémique produit des textes brefs. La pédagogie est généralement plus longue avec des phrases plus complexes.

Le début de la campagne : les cinq premières semaines

Même en faisant abstraction du fait que N. Sarkozy, durant cette période, n'est pas officiellement en campagne et qu'il n'a pas diffusé de communiqués à titre de candidat, son parti, l'UMP, est pleinement engagé dans la campagne électorale et a cherché à s'imposer dans la bataille de la communication, en diffusant plus de communiqués que tous ses concurrents réunis.

Le PS arrive au deuxième rang, quant à l'intensité de sa campagne de communication, en produisant deux fois plus d'interventions que les autres concurrents de l'opposition. F. Hollande semble s'être effacé de la campagne, au début février, après l'intervention télévisée du président Sarkozy (29 janvier).

A l'inverse, F. Bayrou se montre plus actif que son parti, ses associés étant moins nombreux qu'au PS. M. Le Pen a intensifié sa communication durant la 5e semaine en contestant la règle des 500 signatures pour être candidat à l'élection présidentielle. Enfin le FG a été peu actif dans cette bataille.

Cette première période a été marquée par la stabilité des intentions de vote : depuis le mois de janvier, F. Hollande était en tête dans les sondages devant N. Sarkozy. Le 22 janvier, le candidat socialiste a repris ses principales propositions dans son discours du Bourget. Puis il est intervenu dans plusieurs meetings et émissions télévisées, notamment le 27 janvier face à A. Juppé. Ses apparitions ont été généralement considérées comme de bonnes performances, ce qui lui a valu un surcroît d'opinions favorables.

Pour tenter de reprendre la main, N. Sarkozy a multiplié les annonces, notamment à la télévision le 29 janvier où il a présenté son projet de TVA sociale et de référendum sur la formation des chômeurs. Il a mobilisé la chancelière allemande, A. Merkel, à l'occasion d'un conseil des ministres franco-allemand à Paris, le 6 février. Le soir même, ils ont participé ensemble à une émission de France 2 où N. Sarkozy a vanté les mérites de l'Allemagne et l'a même proposée comme modèle aux Français. Le 11 février, il a accordé une entrevue au *Figaro* dans laquelle il déclinait ses valeurs : travail, responsabilité et autorité. A partir de ce moment, sa candidature pour un second mandat ne faisait plus aucun doute.

L'entrée en scène du président

Le 15 février, au journal de 20h, N. Sarkozy a annoncé sa candidature : "J'ai pris cette décision parce que la France vit une crise sans précédent. Ne pas me présenter serait ressenti comme un abandon de poste", a-t-il expliqué en se comparant à un capitaine qui ne peut "quitter le navire". Il a évoqué les angoisses suscitées par la crise et s'est présenté comme le protecteur des Français (d'où son slogan de campagne "La France forte"). Aux maîtres-mots de sa campagne dévoilés précédemment dans *le Figaro*, il ajouta celui de la solidarité pour signifier sa volonté d'échapper aux clivages gauche-droite, jouer la carte du rassembleur et se légitimer comme le candidat du peuple contre les élites et le système.

Il a ensuite présenté ses thèmes de campagne dans plusieurs rassemblements : Marseille le 19 février, interview à France 2 le 20 février, Lille le 23 février, Montpellier le 28 et Bordeaux le 3 mars. Il a exposé ses valeurs, sa relation avec la France, sa gestion de la crise, son désir de valoriser le travail et les thèmes de sa campagne axée sur l'éducation, la sécurité, l'immigration qui ont ensuite été relayés par les messages de ses partisans.

Pendant ce temps, les autres candidats semblent s'être un peu effacés, intervenant moins en public. F. Hollande a tenu 3 grandes réunions : au Mans le 23 février, à Lyon le 1er mars et à Dijon le 3 mars. F Bayrou a parlé devant une seule grande assemblée à Angers, le 2 mars, alors que M. Le Pen a tenu une convention nationale à Lille, le 19 février, et a fait un discours à Châteauroux le 26 février.

Dans ce contexte, certains partis ont intensifié leur communication. C'est le cas de l'UMP qui a émis une moyenne de 7,3 communiqués par jour comparativement à 6,3 pour les deux semaines précédant la déclaration de candidature de N. Sarkozy. C'est aussi le cas du PS qui a produit une moyenne quotidienne de 5,5 communiqués comparativement à seulement 3,7 auparavant. En revanche, le Modem, le FN, et le FG ont réduit leur communication. Par exemple, le Modem n'a émis que 1,7 communiqués par jour alors que sa moyenne était de 3 dans la période précédente.

Si de nombreux incidents ont émaillé cette campagne, seuls les attentats de Montauban et de Toulouse ont eu une répercussion notable sur le déroulement de celle-ci[1].

Les attentats de Montauban et de Toulouse

Durant la semaine du 18 au 24 mars, l'actualité a été dominée par le meurtre de trois militaires (Montauban 11 et 15 mars) puis de trois enfants et d'un père de famille devant une école juive de Toulouse (19 mars). L'assassin – qui se réclamait de l'islamisme radical - a été retrouvé par la police et abattu le mercredi 21 mars.

En ce qui concerne l'agenda des candidats, on note que le président et tous les candidats ont participé à divers hommages aux victimes. F. Bayrou, F. Hollande, M. Le Pen et N. Sarkozy se sont rendus à Montauban aux obsèques des militaires assassinés.

N. Sarkozy a interrompu pendant deux jours ses activités de candidat et, en tant que président, il s'est adressé aux Français à trois reprises. Il a repris sa campagne dès le 22 par un meeting à Strasbourg.

F. Bayrou et J.-L. Mélenchon ont poursuivi leur campagne.

F. Hollande a annulé un meeting qu'il devait tenir le 20 mars à Rennes. Cependant, il a participé comme prévu à une émission

---

[1] Une analyse lexicométrique de la communication électorale durant ces événements a été présentée dans la *Radioscopie n° 7* (Labbé & Monière 2012).

matinale sur RMC le 20 mars, puis à des meetings à Aurillac le 22 et à Ajaccio le 24.

M. Le Pen a annulé une émission télévisée.

Comment évaluer l'impact de ces événements sur la communication des candidats ?

Les indices les plus objectifs de la communication des candidats sont le nombre de messages et le volume de mots émis par les candidats au cours de la période considérée. Il s'agit de déterminer si ces volumes sont significativement inférieurs à ce qu'ils étaient auparavant. Autrement dit, ces chiffres sont-ils en dessous de la plage de fluctuation normale constatée dans les semaines antérieures ? Pour répondre à cette question, il faut disposer d'effectifs suffisamment importants chaque semaine précédant le drame. C'est pourquoi le calcul est fait sur les communiqués émis par chaque candidat et son parti respectif depuis le 1er janvier. Cette exigence quantitative – en volume et en régularité - exclut J.-L. Mélenchon qui a émis trop peu de communiqués et de manière erratique.

Les résultats de cette comparaison sont donnés dans le tableau 3.

La communication de F. Bayrou s'est maintenue au même niveau. Il a poursuivi sa campagne. Le soir du 19 mars, il tenait une réunion publique à Grenoble. Il a simplement modifié le début de son discours pour commenter les événements. Le recul de la communication du Modem se profilait déjà lors de la semaine précédente et rien n'indique dans le contenu qu'il s'agisse d'une suspension due aux événements…

Du point de vue quantitatif, le tableau indique que F. Hollande, M. Le Pen et N. Sarkozy ainsi que le PS et l'UMP ont réduit significativement leur communication. Seul le PS a réduit sa communication de plus de moitié.

Tableau 3. Intensité de la communication. Indices pour la semaine du 18 au 24 mars comparés avec les moyennes du 1er janvier au 17 mars.

			Moyenne 11 premières semaines	12e semaine	Variation
Bayrou	Candidat	Nombre communiqués	8	9	≈
		Nombre de mots	4 143	4 134	≈
	Modem	Nombre communiqués	7	4	-
		Nombre de mots	3 194	1 503	-
Hollande	Candidat	Nombre communiqués	7	4	-
		Nombre de mots	2 356	1 821	-
	PS	Nombre communiqués	24	10	--
		Nombre de mots	7 572	3 563	--
Le Pen	Candidate	Nombre communiqués	4	5	≈
		Nombre de mots	784	322	--
	FN	Nombre communiqués	11	13	≈
		Nombre de mots	2 596	2 082	≈
Mélenchon	Candidat	Nombre communiqués	ns	ns	ns
		Nombre de mots	ns	ns	ns
	FG	Nombre communiqués	7	8	≈
		Nombre de mots	1 834	1 540	≈
Sarkozy	Candidat	Nombre communiqués	8	6	-
		Nombre de mots	4 158	2 264	-
	UMP	Nombre communiqués	46	27	-
		Nombre de mots	11 959	6 941	-

* ns : non significatif ; ≈ : sans changement significatif ; - réduction inférieure à 50% ; -- réduction supérieure à 50%

Voici quelques résultats plus spécifiques :

- F. Hollande et le PS n'ont émis aucun communiqué le 20 et le 22 – ceux émis par F. Hollande le 21 n'avaient pas de contenu politique alors que ceux du PS dénonçaient l'instrumentalisation de cette crise par l'UMP.

- le site de N. Sarkozy n'a mis aucun communiqué en ligne les 19-20 et 21 (mais l'Élysée a beaucoup communiqué sur les événements…) Le 20, l'UMP a émis un seul communiqué (sur les événements). Dès le 21, elle reprenait la communication de combat avec 3 communiqués contre le PS et F. Hollande (à propos des événements).

Si les tueries de Toulouse et de Montauban ont eu un impact sur le déroulement de la campagne en ralentissant le rythme de la communication électorale, ces effets furent éphémères. Il y a eu effectivement un affaissement du nombre de communiqués et du nombre de mots durant la 12e semaine pour les candidats Sarkozy, Hollande, Bayrou et Le Pen dont la communication fut moins prolixe. La consigne de suspension de la campagne a bel et bien été suivie pour quelques jours. Mais dès la 13e semaine, le naturel est revenu.

La dernière ligne droite

Les candidats n'ont pas ménagé leurs efforts dans la dernière ligne droite et ont rivalisé en organisant de grands rassemblements publics. Le dimanche précédant le vote, F. Hollande a réuni ses partisans sur l'esplanade du Château de Vincennes, alors que N. Sarkozy rassemblait la "majorité silencieuse", à Paris sur la place de la Concorde, et que M. Le Pen tenait une réunion publique dans la ville – hautement symbolique - de Hénin-Beaumont (Pas-de-Calais) sur le thème "rendons la parole au peuple". La veille J.-L. Mélenchon avait rassemblé une foule importante sur le Prado de Marseille.

Durant l'ultime semaine, chaque candidat a entrepris un dernier tour de piste : F. Bayrou a fait des discours à Marseille, le 15 avril, à Lyon le 16, à Nantes le 17 et à Bordeaux le 19 ; F. Hollande a pris la parole à Carmaux le 16, à Lille le 17, à Cenon le 19 et à Charleville le 20. N. Sarkozy s'est rendu à Poitiers le 16 avril, à Morlaix le 17 et à Arras le 28. J.-L. Mélenchon a achevé sa campagne le 19 avril au Parc des expositions de la Porte de Versailles à Paris – aux côtés de P. Laurent, secrétaire général du PCF – et M. Le Pen a tenu son dernier meeting au Zénith de Paris le 17 avril.

Les graphiques présentés plus haut indiquent les tendances suivantes.

F. Bayrou (et le Modem) ont accentué leur effort de communication en fin de campagne, en étant beaucoup plus prolixes qu'auparavant dans l'explication de leurs positions, le volume de mots utilisés atteignant un sommet durant cette période. Il rejoint les deux favoris pour cet indicateur.

Le phénomène est plus contrasté chez F. Hollande et le PS : il y a certainement une baisse de régime sur les deux dernières semaines, mais cette baisse ramène leur communication au niveau moyen de l'ensemble de la campagne pour le nombre de communiqués et signale un léger allongement de ceux-ci. On peut supposer qu'étant en tête dans les sondages, F. Hollande a préféré jouer la prudence.

Le FN quant à lui se relance après un passage à vide qui a suivi les attentats de Toulouse et de Montauban. Sa communication s'est particulièrement intensifiée durant la dernière semaine.

Le candidat du FG semble s'être comporté comme si la campagne était terminée depuis le début avril et qu'il n'avait plus rien à ajouter dans le débat. Ses communiqués se font rares et ne traitent pas directement des enjeux de l'élection.

Enfin contrairement à ce qu'on pourrait attendre d'un candidat, en retard dans les intentions de vote, la campagne de N. Sarkozy et de l'UMP a baissé d'intensité quel que soit l'indicateur utilisé. Toutefois, le creux se produit pendant l'avant-dernière semaine et il y a une reprise dans les derniers jours. Cette baisse de régime, surtout sensible dans la communication du parti du président, suggère que le doute – et peut-être une certaine démobilisation ? – s'étaient emparées de son équipe.

Conclusions

Les indicateurs présentés dans ce chapitre révèlent l'intensité de la communication et la stratégie sous-jacente. Ils ne renseignent pas sur les effets de cette communication. Pour cela, il faudrait aussi analyser la reprise des communiqués dans les médias, et surtout leur réception par les électeurs, ce qui n'a pas été possible pour l'instant.

Du point de vue de l'intensité de la communication, F. Hollande, N. Sarkozy et leurs équipes respectives, ont nettement dominé les autres candidats. A partir de la déclaration de candidature de N. Sarkozy, les deux camps ont émis à peu près le même nombre de messages et ont occupé largement l'espace médiatique malgré la fameuse règle de l'égalité formelle entre tous les candidats.

F. Bayrou et son équipe ont fait le choix de communiqués plus longs et à tonalité pédagogique. M. Le Pen et le FN ont émis moitié moins de communiqués que les deux principaux candidats et ils ont eu du mal à respecter une certaine régularité. Enfin J.-L. Mélenchon et le FG ont manifestement négligé cette communication – comme s'ils avaient estimé que celle-ci n'avait pas d'importance et qu'une campagne classique – surtout faite de grandes réunions publiques et de distributions de tracts - pouvait suffire à faire connaître le candidat et son programme.

Chapitre 2
Les stratégies de communication des candidats

Une campagne électorale est une compétition de longue haleine entre deux ou plusieurs organisations qui mobilisent des ressources humaines et financières pour convaincre les électeurs de les soutenir dans la conquête du pouvoir politique. Les armes sont les discours et les propositions qui détermineront les politiques du prochain gouvernement. Le succès ou l'échec sont liés à la stratégie mise en œuvre par les protagonistes qui doivent savoir doser les mouvements offensifs et les mouvements défensifs afin de gagner du terrain et de protéger leurs acquis.

Les candidats doivent jouer sur deux registres : faire valoir leurs propositions ou leur projet politique et critiquer les positions de leurs adversaires. Le discours de chaque candidat vise à démontrer que sa politique est la meilleure possible, dans les circonstances du moment, et que celles proposées par ses adversaires seraient catastrophiques pour le pays. Ce sont les deux passages obligés de tout discours électoral.

Ce chapitre évaluera quelle est la part relative que chaque candidat a accordée à la critique des concurrents et celle qu'il a réservée à la mise en valeur de sa personne et de son programme. Autrement dit, les candidats préfèrent-ils parler en bien d'eux-mêmes ou parler en mal de leurs adversaires ?

Dans la mesure où l'élection sert à choisir ceux qui prendront les décisions pour l'avenir, on devrait s'attendre à ce que les candidats insistent surtout sur les orientations et les objectifs de leur éventuelle gouverne. Ils devraient offrir à l'électeur des politiques en échange de son vote puisque l'électeur choisira celui qui lui apportera le plus d'avantages s'il est élu. Cette logique devrait théoriquement animer les discours du candidat qui a gouverné le pays durant la dernière mandature, puisqu'il a un bilan à faire valoir et qu'il peut espérer que les électeurs qui ont bénéficié de ses politiques lui resteront fidèles et que leur satisfaction incitera d'autres électeurs indécis à lui faire confiance eux aussi. Cette logique est toutefois moins évidente lorsque l'action passée du candidat a suscité plus de mécontents que de satisfaits. Au début de l'année 2012, toutes les enquêtes d'opinion indiquaient que c'était bien le cas pour N. Sarkozy.

Les candidats de l'opposition pour leur part n'ayant pas de réalisations à faire valoir sont supposés proposer des alternatives aux politiques poursuivies et montrer les avantages que retireraient les électeurs d'un changement de dirigeants. La logique voudrait qu'ils proposent non seulement des solutions de rechange, mais qu'ils expliquent pourquoi ce qu'a fait le pouvoir en place était inadéquat pour le bien du pays.

Les candidats à l'élection présidentielle de 2012 se sont-ils conformés à ce schéma ?

La grille d'analyse

Lors de la campagne présidentielle, quelles ont été les composantes privilégiées par chaque candidat ? Ont-ils plus parlé en bien d'eux-mêmes ou ont-ils préféré dénoncer leurs adversaires? Pour répondre à ces questions, chaque communiqué a été codé en fonction d'une grille d'analyse construite pour décrire et comparer le contenu de la communication des partis en campagne électorale[1]. Ces catégories sont mutuellement exclusives et ne sont pas hiérarchisées. Elles couvrent l'ensemble du contenu des communiqués émis.

La phrase a été utilisée comme unité de numération et chaque phrase a été classée dans l'une des catégories suivantes :

- L'état de la situation. Entrent dans cette catégorie les phrases qui décrivent un problème ou un phénomène particulier. Par exemple : "La Cour des comptes examine particulièrement les coûts suivants : le démantèlement des centrales, le traitement et le stockage des déchets, les investissements de sûreté préconisés par l'ASN"… (Communiqué du PS du 31 janvier 2012).

- La présentation de soi comprend la description des qualités du candidat ou celles de son parti, ses objectifs et ses valeurs. Par exemple : "J'ai ma méthode qui est très différente du candidat sortant.

---

[1] Elle a été testée aux élections québécoises de 2007, 2008 et aux élections canadiennes de 2008 et de 2011 (Monière 2007, 2008, 2012).

Elle est faite de calme de pondération, de respect, et de cohérence". (Communiqué de F. Hollande 11 janvier 2012).

- Dans les réalisations, sont classés les passages où un candidat expose le bilan de son action gouvernementale, pour le candidat en titre, ou encore des politiques publiques qui ont été adoptées dans le passé grâce à l'action de son parti, pour les candidats de l'opposition. Par exemple, "Les Français savent gré à François Bayrou de les avoir alertés il y a cinq ans sur la réalité de la dette et du déficit". (Communiqué du Modem 11 janvier 2012).

- Les offres de politiques sont des engagements ou des propositions de politiques publiques pour l'avenir. Par exemple, "Nous devons faire en sorte que les jeunes entrent dans l'emploi avec un CDI. Pour cela, il faut créer des mécanismes de formation et de tutorat, avec un contrat qui lie les générations." (Communiqué de F. Hollande du 5 janvier 2012).

- Les critiques sont des dénonciations des politiques adoptées par le gouvernement et le président sortant, ou encore la critique des positions avancées par les autres candidats. Exemple : "Nicolas Sarkozy était de plus en plus dans l'incantation". (Communiqué de M. Le Pen 1er janvier 2012). Ou encore : "De Vienne à Perpignan, ces idées pourries sont insupportables pour tous républicains. Marine Le Pen c'est la VRP de la haine." (Communiqué du FG du 30 janvier 2012).

- La catégorie des soutiens regroupe les déclarations d'appui manifesté par des journaux, des groupes de pression ou des personnalités. Par exemple, "Les nouveaux soutiens sont une bonne chose, ils démontrent notre dynamique de rassemblement. L'eurodéputée a également commenté la tribune de Philippe Douste-Blazy publiée lundi dans le journal *Le Monde*, où il annonce rejoindre François Bayrou." (Communiqué du Modem du 9 janvier 2012).

- Les annonces enfin regroupent les messages qui présentent les activités publiques du candidat ou de son parti ou les événements de la campagne. Par exemple, "François Bayrou était à Strasbourg mardi 17 janvier, afin d'étudier les spécificités du régime local d'assurance-maladie." (Modem, 17 janvier 2012).

Positivité versus négativité

Le graphique suivant reproduit, semaine après semaine, la proportion relative du contenu des communiqués qui a été consacrée aux diverses catégories d'analyse. Les courbes de positivité du contenu ont été construites par l'agrégation des données recueillies dans les quatre catégories qui mettent le candidat en valeur : présentation de soi, réalisations, offres de politiques et soutiens à leur candidature.

Graphique 1. Évolution de l'indice de positivité (% du total des phrases)

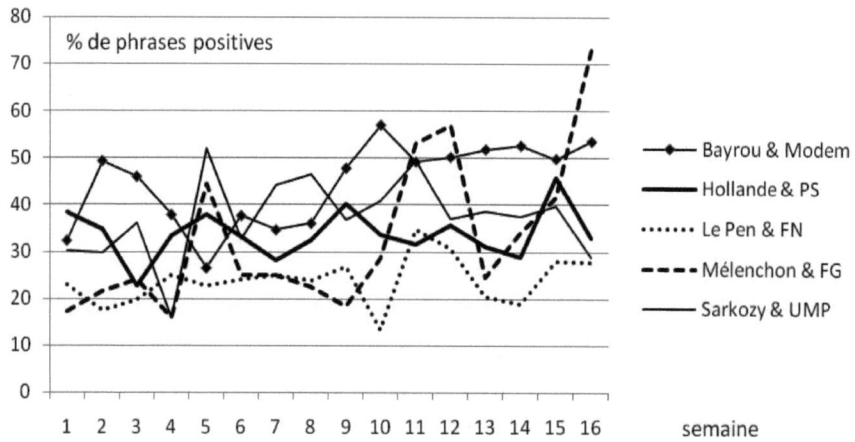

Pour l'ensemble de la campagne, on peut distinguer des stratégies de communication assez différenciées.

F. Bayrou et le Modem sont ceux qui ont manifesté le plus de constance en misant sur des arguments positifs tout au long de la campagne. Le contenu positif de leurs messages dépassant même la barre des 50% durant 8 semaines. Ce ton positif sera abandonné toutefois durant la 5e semaine pendant laquelle ils ont réagi au dévoilement du projet socialiste.

J.-L. Mélenchon et le FG ont mené une campagne en dents de scie comme s'ils ne suivaient pas de plan précis. Mais dans l'analyse, il faut tenir compte du faible nombre de communiqués émis, ces petits effectifs expliquant en partie les fortes variations de la courbe.

M. Le Pen et le FN sont ceux qui ont le moins profité de la campagne pour valoriser leurs propositions. Ils ont l'indice de positivité le plus faible pendant 10 semaines.

Si on compare les courbes de F. Hollande, de N. Sarkozy et de leurs partis, ils font, en somme, match nul puisque chacun a surclassé l'autre pendant 8 semaines. Mais ce constat doit être relativisé par le fait que la construction de l'indice avantage le président en incluant les phrases consacrées aux réalisations qui représentent peu de chose dans la communication de F. Hollande, celui-ci n'ayant jamais exercé de fonction gouvernementale. La courbe de la positivité de N. Sarkozy atteint son sommet lors de l'annonce officielle de sa candidature qui avait été précédée par une série d'interventions télévisées, en particulier celle en compagnie de la chancelière allemande. Les sarkozystes s'emploient alors à valoriser ses engagements et ses qualités personnelles. Les socialistes suivent sensiblement le même scénario en donnant plus d'importance à la valorisation de leur leader à partir de l'entrée en lice du président sortant et à la fin de la campagne pour le premier tour.

Ce premier indice est complété par un second (négativité) qui mesure la proportion des phrases consacrée à la critique d'un ou de plusieurs autres candidats (graphique 2).

Le candidat du Modem est celui qui a le plus faible indice de négativité durant toute la campagne. Mais il s'est lui aussi engagé dans la voie de l'attaque lors de l'entrée en scène du président à la 8e semaine et aussi à partir de la 14e semaine, sentant sans doute que sa stratégie positive ne donnait pas les résultats escomptés. Le graphique indique clairement que l'UMP et N. Sarkozy ont mené une campagne extrêmement agressive, surclassant tous les autres candidats à cet égard pendant 8 semaines, et consacrant plus de 50% du contenu de leurs communiqués à la critique des autres. M. Le Pen arrive en deuxième place. Sa courbe de la négativité tend toutefois à baisser à la fin de la campagne. Le candidat socialiste arrive en 3e position quant au niveau de négativité. Il a manifesté une forte pugnacité en début de campagne, puis celle-ci s'est un peu estompée à partir de la 11e semaine. Encore une fois, la courbe de J.-L. Mélenchon est instable, faite de hauts et de bas.

Graphique 2. Évolution de l'indice de négativité (% du total des phrases)

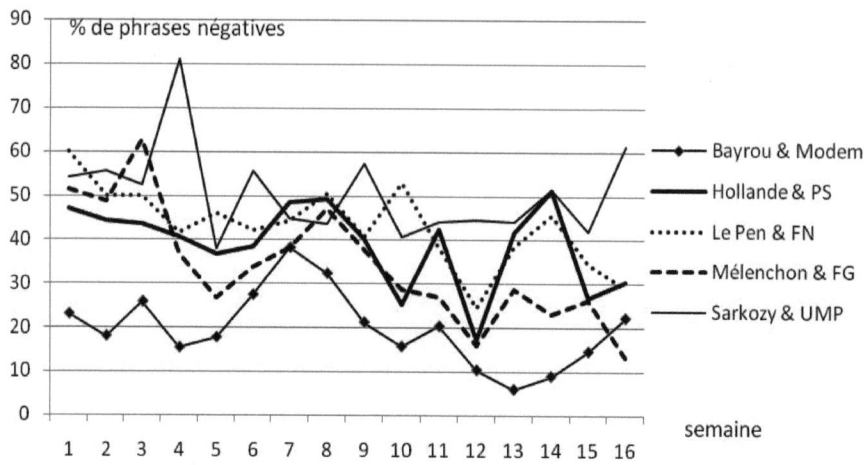

Il faut souligner qu'à la 12e semaine, qui correspond aux tragédies de Montauban et de Toulouse, il s'est produit un changement dans le rythme de la campagne puisque l'indice de négativité de tous les candidats - à l'exception de N. Sarkozy et de l'UMP - décroit fortement, comme si les candidats pratiquaient une trêve. Mais après cette courte période d'accalmie, la campagne a repris son rythme normal tant sur le plan de l'intensité que de la critique.

Les diverses composantes des communiqués

Les graphiques qui suivent retracent l'évolution des principales dimensions de la communication des candidats et illustrent les tendances dominantes pour chaque candidat.

Depuis le début de la campagne, la communication de F. Bayrou est centrée sur ses valeurs, ses idées, sa personnalité, sa vision de la France et sur ses offres de politiques. C'est aussi le candidat qui fait le plus étalage de ses soutiens (graphique 3). F. Bayrou donne une grande importance à l'analyse de la situation économique et sociale de la France pour mieux exposer ses projets et ses objectifs. Cette composante arrive en 2e position devant la critique de ses adversaires qui est généralement inférieure à 25% de ses communiqués. De plus, cette dimension critique diminue après la déclaration de candidature de N. Sarkozy (8ᵉ semaine) alors qu'on s'attendrait à l'inverse. F. Bayrou est aussi le candidat qui expose le plus ses offres de politiques qui occupent environ 10% de sa communication électorale.

Graphique 3. La répartition des composantes des communiqués de F. Bayrou et du Modem (par semaine du 1ᵉʳ janvier au 21 avril 2012)

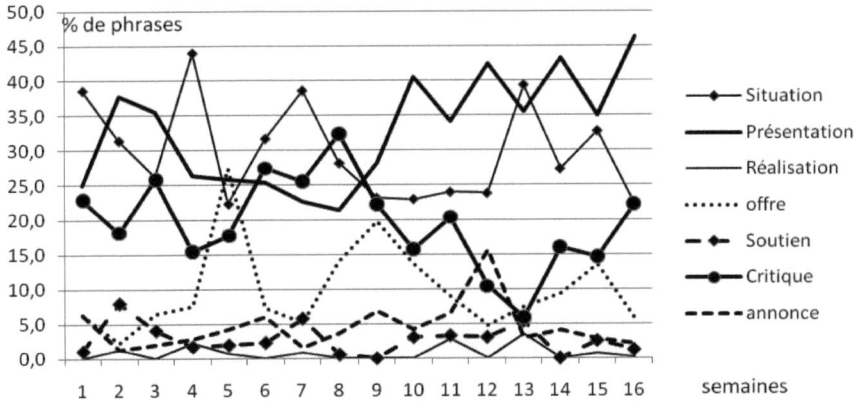

Chez F. Hollande (et le PS) on trouve l'ordre inverse à celui privilégié par F. Bayrou et le Modem (graphique 4).

F. Hollande et le PS ont participé, avec l'UMP et N. Sarkozy, à la spirale de la négativité (voir chapitre 3) en donnant une tonalité très agressive à leur communication. Cette composante est prépondérante à l'exception de la 12ᵉ semaine qui correspond aux drames de Toulouse et Montauban qui ont provoqué un temps d'arrêt de la campagne. En fin de course, il y a atténuation de cette dimension qui passe de 50% du contenu à 30% environ durant les quatre dernières semaines. F. Hollande et son parti misent ensuite sur une analyse des problèmes de la France pour mettre en évidence les solutions et les engagements de F. Hollande. Curieusement, ils font peu étalage de leurs appuis, comme s'ils jugeaient que ces soutiens ne pouvaient rien apporter en termes électoraux...

Graphique 4. La répartition des composantes des communiqués de F. Hollande et du PS (par semaine du 1er janvier au 21 avril 2012)

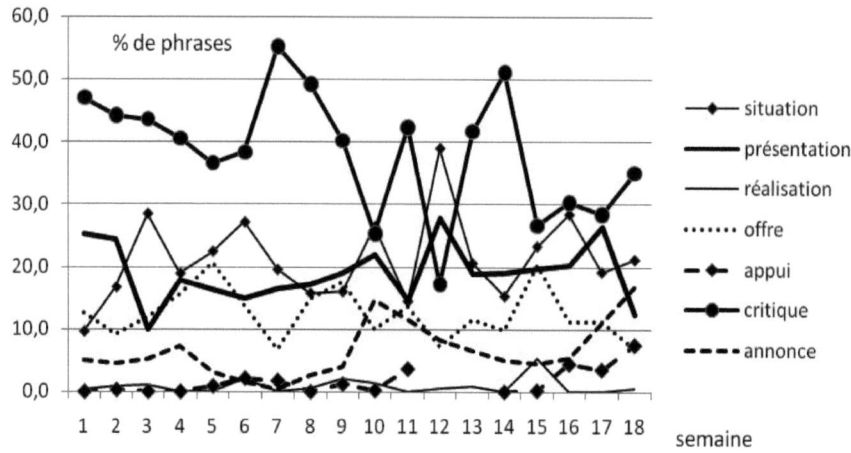

Graphique 5. La répartition des composantes des communiqués de M. Le Pen et du FN (par semaine du 1er janvier au 21 avril 2012)

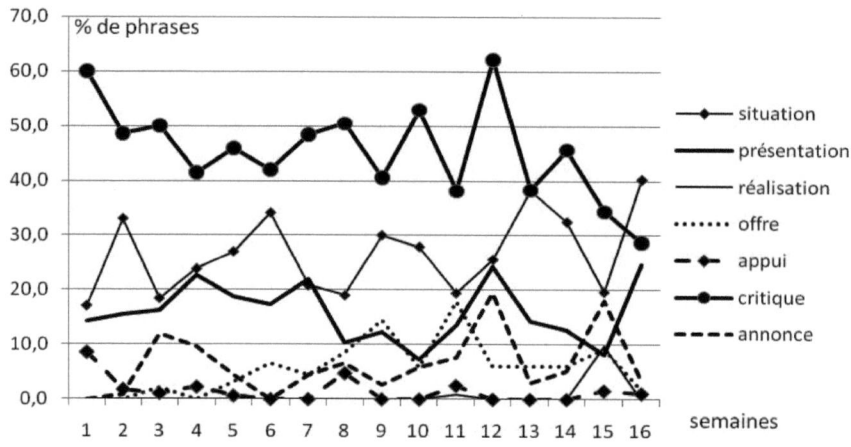

La stratégie de M. Le Pen est sans ambiguïté, elle est fondée sur l'attaque qui surclasse les autres dimensions tout au long de la campagne sauf durant les deux dernières semaines où l'analyse de la situation prend le dessus. La présentation de son programme occupe peu de place dans sa communication, de même que les appuis, ce qui représente une sorte d'aveu : comme son père avant elle, M. Le Pen n'est pas parvenue à obtenir des soutiens parmi les élus ou les personnalités.

Il est difficile de qualifier la stratégie de communication de J.-L. Mélenchon tant les différentes composantes sont bousculées tout au long de la campagne (graphique 6).

Graphique 6. La répartition des composantes des communiqués de J.-L. Mélenchon et du FG (par semaine du 1er janvier au 21 avril 2012)

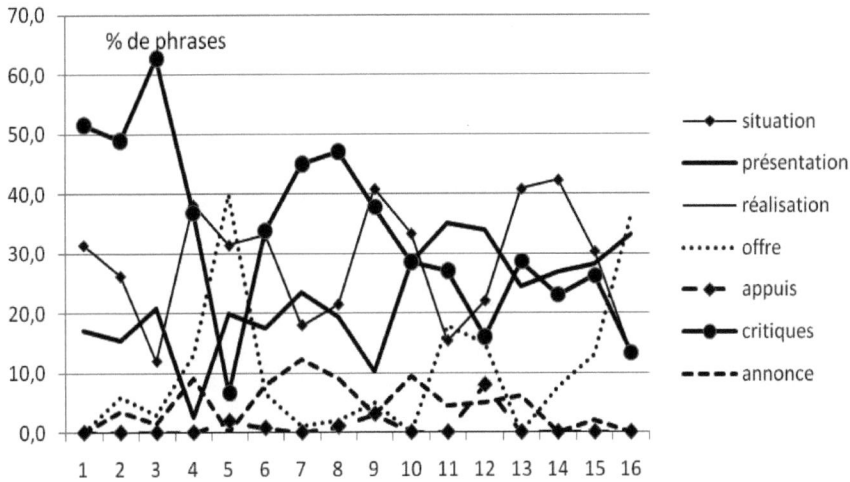

D'une semaine à l'autre les courbes montent et descendent comme des montagnes russes. La dimension critique très forte au début de la campagne tend à s'estomper au milieu. Les communiqués deviennent plus descriptifs et mettent en valeur des luttes ouvrières et sociales. Les offres de politiques oscillent énormément entre deux pics : celui de la 5e semaine et celui de la dernière semaine. Mais ces variations ne sont pas significatives car les calculs sont effectués sur un trop petit nombre de communiqués.

Enfin, la communication de N. Sarkozy ressemble plus à celle d'un challenger dans la mesure où c'est lui qui donne le plus d'importance à la critique de l'adversaire, cette dimension accaparant même 60% de sa communication lors de la dernière semaine (graphique 7). La deuxième fonction de ces communiqués est de le mettre en valeur, de le comparer à son adversaire socialiste et de souligner ses qualités personnelles par opposition à celles supposées manquer à F. Hollande. En troisième lieu, le président et son équipe tentent de convaincre en jouant sur ses réalisations qui occupent plus de place que ses offres de politiques, mais ces deux dimensions tiennent une place fort modeste. Enfin, curieusement, les appuis ne sont pas valorisés.

Graphique 7. La répartition des composantes des communiqués de N. Sarkozy et de l'UMP (par semaine du 1er janvier au 21 avril 2012)

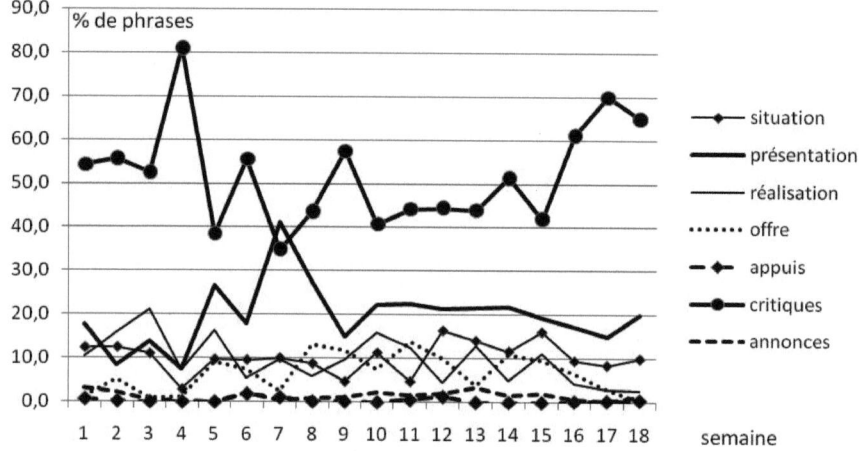

Conclusions

Tous les candidats partagent un certain nombre de choix et notamment celui de donner peu de place aux offres de politiques nouvelles ou aux appuis qu'ils reçoivent. Les réalisations passées sont aussi très négligées, y compris par le président et son parti, comme s'ils avaient accepté l'idée que le premier quinquennat ne plaidait pas en faveur d'une réélection.

Seuls F. Bayrou et le Modem ont consacré la majorité de leur communication à présenter le candidat, sa pensée, son analyse de la situation et ses propositions. Les quatre autres ont décidé de donner la première place à la critique des autres, faisant passer au second plan la présentation du candidat et de son programme. Cela est particulièrement net pour N. Sarkozy et l'UMP dont la majorité des communiqués sont consacrés à dénoncer F. Hollande.

Un tel choix a nourri une dynamique négative qui va maintenant être décrite.

Chapitre 3
La spirale de la négativité

Le fait saillant de cette campagne présidentielle 2012 fut donc la nette prédominance du discours polémique et des critiques contre les autres. Dans cette logique de la négativité, les candidats peuvent choisir soit de formuler les critiques de manière impersonnelle ou d'attaquer nominalement des adversaires.

Sans doute le tempérament personnel du candidat et de ses conseillers jouent-ils un rôle dans ces choix, mais l'essentiel réside dans la stratégie retenue en fonction de l'état de l'opinion. Un candidat qui est en avance dans les intentions de vote n'a pas intérêt à accorder trop d'attention à ses adversaires. Il les nommera le moins possible afin de minimiser leur importance. Il choisira une stratégie d'évitement – ou d'allusions - en gommant de ses discours les noms de ces adversaires et ceux de leurs partis. Inversement, un candidat qui, toujours selon les sondages, a un retard à rattraper sur un concurrent peut avoir intérêt à concentrer ses attaques contre celui-ci. La stratégie d'évitement a été adoptée par F. Hollande. Lors de la prestation télévisée à France 2 (26 janvier 2012), les journalistes lui ont demandé pourquoi il évitait de prononcer le nom du président de la République. Il a répondu qu'il ne se déterminait pas par rapport aux autres mais qu'il voulait plutôt mettre en avant ses propositions. Cette attitude a aussi été adoptée par le président qui, jusqu'au 15 février, s'est bien gardé d'évoquer les noms de ses adversaires puisque ses interventions étaient faites dans le cadre de sa fonction présidentielle et qu'il n'était pas officiellement en campagne. Mais si les deux principaux candidats dans leurs interventions publiques tentaient de s'ignorer, du moins au début de la campagne, ils ont laissé le travail de dénonciation à leurs seconds couteaux qui s'injuriaient allègrement dans leurs communiqués quotidiens.

La direction des interactions négatives

Les relevés lexicométriques permettent d'identifier les cibles des attaques. Naturellement, un candidat qui nomme ses adversaires dans sa communication ne le fait pas pour vanter leurs mérites, mais pour les dénigrer.

Pour mesurer le positionnement des candidats face à leurs adversaires, nous avons recensé toutes les références nominales aux candidats ou aux partis adverses (soit le nom du candidat et les diverses formes d'appellation du parti, substantifs et adjectifs). Cet indicateur lexicométrique détermine le niveau d'intensité des attaques et indique vers qui elles sont dirigées. Le tableau ci-dessous présente le résultat de ce recensement. Il se lit ainsi : dans la ligne F. Bayrou, on observe la fréquence des références nominales aux quatre autres candidats et à leurs partis qui sont en colonnes (les références du candidat à lui-même ne sont pas comptées : la diagonale du tableau est donc nulle). Les colonnes total (deux dernières) indiquent le nombre de mentions des adversaires et la dernière ligne, le nombre total des mentions reçues par chaque candidat dans les communiqués des adversaires.

Tableau 1. Distribution des références aux adversaires, candidats et partis du 1er janvier au 21 avril 2012.

→	Bayrou	Hollande	Le Pen	Mélenchon	Sarkozy	Total	%
Bayrou		337	12	8	334	691	16,0
Hollande	2		3	0	809	814	18,9
Le Pen	14	168		11	349	542	12,6
Mélenchon	9	20	50		78	157	3,6
Sarkozy	0	2043	50	10		2103	48,8
Total %	25 0,6	2568 59,6	115 2,7	29 0,7	1570 36,5	4307 100,0	100,0

Cette distribution des attaques illustre le processus de bipolarisation de la campagne et surtout le pilonnage en règle du camp socialiste par l'UMP. F. Hollande et N. Sarkozy reçoivent respectivement 59,6% et 36,5% du contenu négatif total.

F Bayrou et le Modem ont équilibré leurs critiques entre F. Hollande et N. Sarkozy en négligeant presque complètement les autres. M. Le Pen et le FN ont tiré deux fois plus sur N. Sarkozy que sur F. Hollande. Chez J.-L. Mélenchon, cette proportion est même de quatre contre un, mais jusqu'au début mars, M. Le Pen et le FN étaient les principales cibles du FG et de son candidat.

M. Le Pen et F. Bayrou s'ignorent réciproquement et sont eux-mêmes négligés par les socialistes et par l'UMP. J.-L Mélenchon est ignoré par tous les autres candidats.

Comment expliquer cette prédominance de la composante critique et même son accentuation durant la campagne ? La critique de l'adversaire a toujours fait partie de la stratégie des candidats et des partis politiques. Cette logique promotionnelle est inhérente au choix démocratique qui suppose une comparaison entre au moins deux candidats, deux partis ou deux visions du monde. Ce qui est nouveau toutefois, c'est le dosage ou l'intensité des campagnes négatives. Nous caractérisons ce phénomène de "spirale" parce qu'il affecte tous les protagonistes du jeu électoral. S'il est normal pour un parti d'opposition de critiquer les politiques du parti au pouvoir et de montrer tous les dangers que représenterait sa réélection, il est plus étonnant de constater que ceux qui gouvernent ont tendance eux aussi à privilégier les attaques contre leurs adversaires plutôt que de défendre leurs réalisations et de miser sur les avantages que les citoyens retireront éventuellement de leur réélection. Puisqu'un candidat qui est attaqué doit contre-attaquer pour ne pas laisser accréditer les thèses des adversaires, cette dynamique engendre une spirale.

Dès le début de la précampagne, les rédacteurs de l'UMP – qui exprimaient probablement les pensées de N. Sarkozy – ont tiré à boulets rouges sur son adversaire socialiste qui le devançait de plus de 5 points dans les sondages. Cette équipe de rédacteurs pratiquait la "chasse en meute". Chaque jour, elle choisissait une ou deux interventions de son adversaire socialiste – ou de ses partisans - et plusieurs rédacteurs produisaient chacun un communiqué qui répétait sensiblement les mêmes dénonciations avec les mêmes mots et la même tonalité virulente. Cette stratégie de la rafale explique le haut niveau de négativité manifesté par les sarkozystes qui ont largement dominé – sur ce plan – F. Hollande et même le PS, jusqu'à la 7e semaine de la campagne, date de l'entrée officielle de N. Sarkozy dans la course.

Pour illustrer cette stratégie de matraquage, nous avons retenu la séquence des 26 et 27 janvier qui correspond au pic de la quatrième semaine dans la courbe de la négativité[1]. Après le discours du Bourget et le passage de F. Hollande à l'émission "Des paroles et des actes" de France 2, l'UMP a produit 32 communiqués dénonçant le programme du candidat socialiste qui a été qualifié d'hypocrite, d'incohérent, de passéiste, d'inconsistant, d'arrogant, d'irresponsable, de farce tranquille, d'illusion, etc.

F. Hollande et le PS, quant à eux, ont atteint le pic de la négativité durant la 7e semaine avec l'entrée officielle en campagne de N. Sarkozy. Quelques extraits des communiqués publiés à cette occasion illustrent la rhétorique négative des socialistes qui, dans les deux jours qui ont suivi (soit les 16 et 17 février), ont publié 11 communiqués dirigés contre le président et son parti.

> Le candidat Nicolas Sarkozy et les responsables de l'UMP ont décidé de faire oublier leur bilan en abaissant le débat dans l'invective, dans l'injure, dans une forme de violence verbale destinée à opposer les Français les uns aux autres, à diviser profondément la République. Le mensonge, ils le prêtent aisément à leurs adversaires, puisqu'il a été le puissant moteur de leur action au gouvernement. Nicolas Sarkozy avait promis la réhabilitation du travail, les Français ont récolté le chômage ! Il leur avait promis une France forte, il a été le président de son affaiblissement ! Il leur avait garanti une république irréprochable, celle-ci s'est abîmée dans les affaires ! (Communiqué du PS du 17 février 2012)

> Le mensonge serait-il l'arme de transformation massive de Messieurs Sarkozy et Fillon ? Prétendre avoir gouverné pour tous les Français alors que le creusement des inégalités et l'injustice ont été les marqueurs de ces 5 ans est une posture mensongère qui ne résiste pas aux faits. (Communiqué du PS du 17 février 2012)

F. Hollande, tout comme N. Sarkozy, s'était doté d'une équipe de collaborateurs spécialisés dans les attaques contre son adversaire. Cette "cellule veille, argumentaire et riposte", placée sous la responsabilité de Guillaume Bachelay, avait pour mission de fournir des argumentaires, de stimuler l'indignation des troupes et de célébrer les vertus du candidat et de son programme.

Durant la période du 25 mars au 7 avril où se manifeste un sursaut de combativité des deux candidats en tête, on observe aussi - comme dans les périodes de forte intensité combative que nous venons

---

[1] Voir graphique 4 du chapitre précédent.

de présenter - la mise en œuvre de cette stratégie de l'attaque à la "mitraillette verbale".

L'UMP a diffusé le 1er avril, deux communiqués se moquant de la visite de F. Hollande à Mayotte. On dénonce "l'escroquerie", "la supercherie socialiste". Le lendemain, trois autres communiqués ripostaient à une attaque du PS qui, dans plusieurs communiqués, avait qualifié N. Sarkozy de "gamin mal élevé". L'UMP s'indigne aussi le 2 avril d'une déclaration attribuée à F. Hollande qui aurait dit en parlant du président : "On va le taper" : "Imaginez un peu le scandale que cela aurait provoqué si on avait tenu ces propos à l'égard du candidat socialiste" écrit-on, alors qu'une consigne du même genre avait bien été donnée, début janvier, par N. Sarkozy aux responsables de la cellule "riposte" de l'UMP. F. Hollande a refusé pour sa part de reconnaître qu'il avait fait cette déclaration devant un journaliste qui lui demandait s'il l'assumait :

> "Non, mais je n'ai pas dit cela de cette façon. Mais enfin ce n'est pas lui qui va me faire le moindre reproche de ce point de vue. Vous vous rappelez ce qu'il a dit et ce qu'il a maintenu devant un journaliste"[1].

Les plumes du PS font aussi usage de la tactique de la rafale pour dénoncer leur adversaire de droite, mais elles se font moins insistantes ou plus habiles, se limitant à deux ou trois communiqués reprenant les mêmes attaques, comme au sujet de l'immaturité de N. Sarkozy le 2 avril.

Cette approche répétitive qui est une des règles de la propagande n'est pas utilisée seulement contre les adversaires, elle est aussi mise en application pour valoriser le candidat. Ainsi, le 5 avril à la suite de la conférence de presse de N. Sarkozy dévoilant son programme officiel, les plumes de l'UMP se sont appliquées à vanter les vertus de leur candidat : 5 des 9 communiqués émis ce jour-là répètent les mêmes arguments en faveur de N. Sarkozy et de son programme.

F. Hollande et N. Sarkozy : la rhétorique de l'invective

Comme observé à propos du tableau précédent, la campagne a été caractérisée par une forte intensité des interactions négatives, elle a pris l'allure d'un affrontement violent principalement entre le camp de

---
[1] Entretien avec J.-M. Apathie, RTL 4 avril 2012.

F. Hollande et celui de N. Sarkozy, chacun s'évertuant à dénigrer l'autre, c'est-à-dire à le qualifier pour le disqualifier. Pour l'UMP, il s'agissait de construire une image négative du candidat socialiste en développant une logique manichéenne. Ce choix était aussi conditionné par la popularité en berne du président, sa cote de confiance étant extrêmement basse au début de l'année. De cette façon, on pensait influencer les critères de jugement de l'opinion publique. Pour illustrer cette dynamique nous avons recensé les qualificatifs utilisés dans les communiqués de l'UMP pour décrire l'adversaire principal.

Pour mener son offensive, l'UMP s'est inspirée de la stratégie mise au point par B. Obama en 2008 en créant une équipe de rédacteurs ayant la mission de répondre aux attaques des socialistes et de démolir leurs arguments[1]. Les communiqués de l'UMP sont produits par la cellule "Riposte" qui, en réponse aux critiques des socialistes, expose sa démarche, le 9 janvier :

> Les cellules ripostes ne sont jamais tombées dans cette vulgarité, Monsieur Moscovici peut en reprendre tous les communiqués. Elles se sont toujours attachées à demeurer sur le plan strictement politique, mettant simplement en exergue les contradictions, les atermoiements, les changements de pied du candidat socialiste à l'élection présidentielle. Elles ont également réclamé, comme le demandent aujourd'hui beaucoup de Français pour en comprendre le sens de la candidature, les propositions concrètes de François Hollande. Elles ont, enfin, défendu, valorisé, fait la promotion de l'action du président de la République, Nicolas Sarkozy, et de sa majorité.

Dans les communiqués de l'UMP, F. Hollande est présenté comme un homme indécis, démagogue, dogmatique, de mauvaise foi, champion de l'esbroufe qui manque de vision, qui est affecté de vacuité intellectuelle, qui n'a pas d'idée précise, qui ne fait pas de proposition concrète, qui tient des discours spongieux, sans fond, atone, qui pratique le mensonge, le reniement et l'antisarkozisme primaire. C'est le candidat de l'ambiguïté, de l'enfumage électoral. L'UMP emploie une panoplie de verbes d'attaque : on s'insurge, on dénonce, on s'indigne, on fustige le laxisme et l'arrogance du PS et de son candidat dont les propositions sont archaïques, éculées parce qu'elles mettent en avant de vieilles recettes qui ont échoué.

---

[1] Voir Vielcanet 2012, p.182.

Pour maximiser l'effet de contraste, on trace un portrait élogieux du président. N. Sarkozy est un homme courageux, authentique, novateur, rassembleur, déterminé, qui affronte la crise et trouve des solutions dans l'intérêt de la France. Au démarrage de la campagne, l'objectif était de diffuser l'image d'un président qui protège contre la crise économique, qui prend le risque de politiques impopulaires au nom du bien commun.

F. Hollande et le PS ne sont pas en reste dans la détestation comme l'attestent les propos disgracieux sur le "sale mec" prononcés par le candidat socialiste ou encore le qualificatif de "nazi" lancé en Chambre par le député Claude Letchimy à l'encontre de Claude Guéant qui avait fait lui-même une déclaration controversée sur la supériorité de la civilisation occidentale. Hormis ces dérapages, les critiques du camp socialiste portaient essentiellement sur les politiques publiques et non pas sur la personne du président. On attaque le bilan du quinquennat qui est qualifié de "cruel" en raison de l'irresponsabilité et de l'inefficacité de ses politiques. Il a, dit-on, conduit le pays à l'impasse par ses politiques régressives. Il a bafoué l'indépendance de la justice, il a spolié l'épargne des Français, il a dépensé sans compter à travers des produits de défiscalisation inconséquents, il a favorisé la spéculation et fermé la porte de l'accession à la propriété pour les classes moyennes et les Français modestes.

Aux yeux des socialistes, N. Sarkozy pratique un populisme agressif qui abaisse le niveau de la vie politique. Les deux extraits suivants illustrent le style de dénigrement adopté par le camp socialiste :

> Il organise son clan autour de propos outranciers. C'est désormais à Monsieur Accoyer d'évoquer de manière indécente et déplacée "la guerre" si François Hollande remportait demain l'élection présidentielle. Ces propos sont indignes de la démocratie, irrespectueux du choix des électeurs et tout simplement inacceptables dans le débat public. (Communiqué du PS, 11 janvier 2012)

> Il a dépouillé l'État et les Français dans une politique de privilèges. Et il démontre tous les jours qu'il est incapable de nous en sortir. Il n'a pas protégé les Français de la financiarisation, des effets négatifs de la mondialisation, il s'est montré faible à l'égard des banques. Tout continue comme avant : les bonus, les parachutes dorés, les stock-options… (Communiqué du PS, 8 janvier 2012)

On dénonce la stratégie de N. Sarkozy qui consisterait à susciter une panique, à jouer sur les peurs.

A l'inverse, F Hollande est présenté comme un candidat responsable qui tiendrait un discours de vérité qui porterait un projet de justice et de changement.

> Ce que Monsieur Fillon appelle désormais "diabolisation", c'est le fait que François Hollande dit la vérité sur la situation de la France et sur les responsabilités du candidat sortant (Communiqué du PS, 9 janvier 2012)

> C'est tout le contraire qu'il faut demain pour la France avec un président qui place la justice et la morale publique au cœur de son projet (Communiqué du PS, 11 janvier 2012)

La communication des autres candidats

F. Bayrou et le Modem se singularisent d'abord par une moindre part de la communication consacrée à chanter les louanges du candidat et à critiquer les rivaux comme le montre le tableau ci-dessous (portant sur les communiqués émis pendant les deux premiers mois de la campagne).

Tableau 2. Proportion (%) des communiqués consacrée à la présentation du candidat et à la critique de N. Sarkozy et de F. Hollande, pour les 5 principaux candidats (du 1er janvier au 25 février)

	Bayrou et le Modem	Hollande et le PS	Le Pen et le FN	Mélenchon & FG	Sarkozy et l'UMP
Le candidat	10	19	22	6	24
Sarkozy	5	23	12	8	-
Hollande	4	-	5	2	31

Remarque : le FG et J.-L. Mélenchon se sont singularisés des autres en consacrant près de 10% de la surface de leurs communiqués à des attaques contre le FN et M. Le Pen. C'est leur première cible jusqu'à la fin février, suivie de N. Sarkozy (8%) et F. Hollande (2%).

A la première ligne de ce tableau on lit, pour chaque candidat et parti qui le soutient, la proportion du texte total utilisée à le présenter, à rapporter son activité, à présenter ses soutiens. Les deux lignes suivantes permettent de suivre le poids des attaques, en provenance de ce candidat et de son parti, contre N. Sarkozy et F. Hollande. Ces pourcentages permettent donc d'évaluer l'importance accordée à la présentation de soi (la personnalisation) et aux attaques contre le (ou les) adversaire(s) (la polarisation) dans l'ensemble des communiqués des candidats et de leur parti. Par exemple, durant les deux premiers mois de la campagne, 10% des communiqués de F. Bayrou et du Modem ont été consacrés à la présentation du candidat, 5% à la critique de N. Sarkozy et 4% à celle de F. Hollande, etc.

La personnalisation et la polarisation étaient les caractéristiques dominantes de la communication de F. Hollande et du PS (42%) et, surtout, de l'UMP et de N. Sarkozy (55%). Pour F. Hollande, comme pour N. Sarkozy, la critique de l'adversaire l'emportait sur la mise en valeur du candidat. Ils ont tous les deux décidé d'ignorer les autres candidats.

M. Le Pen et le FN ont choisi de valoriser la candidate et de concentrer l'essentiel de leurs coups sur N. Sarkozy.

Curieusement, le FG, comme J.-L. Mélenchon ont choisi d'attaquer principalement M. Le Pen, avant N. Sarkozy et F. Hollande, et ils oublient de valoriser leur candidat…

F. Bayrou et le Modem ont donc fait des choix assez différents des autres : le candidat est un peu moins cité et moins mis en valeur. La critique des concurrents a occupé – avant la mi-février – une place plus faible que chez les autres. Cela s'explique sans doute d'abord par les caractéristiques formelles de leurs communiqués : plus longs et plus tournés vers l'explication. Mais il s'agit bien d'un choix de communication qui se traduit par un plus grand nombre de verbes, de noms de personnes, de chiffres que chez les autres. Ainsi le discours de F. Bayrou et de ses partisans tentait d'afficher moins de polémique et plus de prise sur le réel et sur l'action.

Dans les communiqués de F. Bayrou et de ses partisans, de très nombreux énoncés associent N. Sarkozy et F. Hollande. La structure fondamentale de la communication de F. Bayrou et de ses partisans n'était peut-être pas très différente de celle qui vient d'être décrite chez les deux principaux candidats. Les qualificatifs que le Modem et F. Bayrou associent à N. Sarkozy et F. Hollande sont toujours négatifs par opposition au vocabulaire associé à F. Bayrou qui est systématiquement positif. La même remarque vaut pour M. Le Pen.

Conclusions

La campagne électorale a été dominée par les critiques mutuelles et les invectives, spécialement celles échangées entre F. Hollande et N. Sarkozy (et leurs partisans respectifs).

Dès le début de la pré-campagne, une spirale de la négativité s'est enclenchée, spécialement entre F. Hollande et N. Sarkozy, principalement par l'intermédiaire de leurs partis respectifs (PS et UMP). Dès l'automne 2011, pour obtenir leur (ré-) élection, les deux principaux candidats ont surtout misé sur le rejet de l'autre et non pas sur leurs propositions et, pour N. Sarkozy, sur ses réalisations depuis 2007.

La scène électorale française s'est apparemment trouvée placée dans une configuration ressemblant à celle qui avait prévalu en 1981[1] : F. Mitterrand et V. Giscard d'Estaing avaient aussi misé tous deux sur le rejet de l'autre. Toutefois, deux différences méritent d'être notées. En 1981, l'agressivité entre les deux hommes était mieux dissimulée derrière une certaine courtoisie – au moins de façade. De plus, en 1981, F. Mitterrand insistait plus sur son programme que sur le bilan du septennat de V. Giscard d'Estaing.

La spirale de la négativité a été observée dans les élections nord-américaines depuis deux décennies[2]. Jusqu'aux années quatre-vingt, le discours des partis au pouvoir privilégiait un contenu positif alors que les partis d'opposition, conformément à leur rôle, accordaient plus d'importance à la composante critique que leurs adversaires gouvernementaux, mais ils privilégiaient néanmoins la dimension positive pour obtenir le soutien des électeurs. Depuis lors, le discours électoral de l'opposition fait une place de plus en plus prédominante à la critique de l'équipe en place et les partis gouvernementaux misent de moins en moins sur leurs réalisations pour se faire réélire et participent eux aussi à la spirale de la négativité, en consacrant l'essentiel de leur communication à tenter de ruiner la crédibilité de l'opposition.

---

[1] Voir Labbé 1981. Cette analyse ne portait que sur le débat télévisé entre F. Mitterrand et V. Giscard d'Estaing. Les communiqués et les discours n'ont pas été analysés.

[2] Pfau & Kenski 1990 ; Ansolabehere & Iyengar 1995 ; Hansen & Al. 2008 ; Monière 2012.

Cette spirale s'expliquerait aussi par le fait que la négativité capterait plus l'attention du public et dans une formulation que l'auditeur retient plus facilement. Enfin, l'adversaire devrait répondre aux attaques sous peine de laisser croire que les assertions de l'adversaire seraient justes.

En France, en 2012, les communiqués ont été les principaux vecteurs de cette négativité. Ils sont principalement destinés à la presse, donc rédigés en fonction des attentes implicites ou explicites des médias. On peut donc supposer que l'agressivité et la polémique sont encouragées par les médias. Mais seule une analyse de contenu des "pages politiques" dans les médias permettrait de mesurer l'écho que rencontrent, dans ces médias, les attaques et les invectives entre les candidats.

A partir de la mi-février, F. Hollande et N. Sarkozy ont tous deux repris – avec leurs styles personnels – ces campagnes négatives non seulement lors de meetings mais aussi pendant des émissions de radio et de télévision. Sans doute leurs conseillers en communication ont-ils apprécié les risques et les bénéfices possibles. Mais une question reste en suspens : qu'en pensent les électeurs ? Comment apprécient-ils cette forme de communication ? En attendant des réponses, on pourra remarquer que rien n'a semblé dissuader les candidats et leurs équipes de se livrer à ces polémiques et de leur donner un tour sans cesse plus agressif, même quand ils prétendaient le contraire.

Enfin, les prochains chapitres montreront que tous les partis semblent avoir utilisé le même modèle de valorisation des candidats et de péjoration de leurs rivaux, souvent avec des expressions identiques ou voisines. Il y a une incontestable uniformité des procédés. Là encore, faute de disposer d'analyses comparables pour les élections antérieures, il est impossible de dire si le phénomène est nouveau. D'où vient cette uniformisation ? Comme pour la négativité, il faudrait s'interroger sur la responsabilité des conseillers en communication et des plumes de l'ombre.

Mais la proximité des procédés rhétoriques n'implique nullement que les thématiques traitées par les candidats soient les mêmes. Le repérage de ces thèmes de campagne et leur analyse feront l'objet des prochains chapitres.

Chapitre 4
Sale mec ou gentil garçon ?
Portraits croisés de F. Hollande et N. Sarkozy

"Sale mec" : c'est ainsi que F. Hollande aurait qualifié N. Sarkozy, début janvier, dans une discussion hors micros avec des journalistes. Le 9 janvier, sur le plateau de Canal+, il a refusé de confirmer ce jugement, disant, de manière sarcastique, que le président était un "gentil garçon" ; il a loué, par antiphrase, "sa délicatesse, son sens de la nuance, son respect des autres, cette espèce de générosité personnelle qui finit par vous embarrasser à la fin du débat."

Quant à N. Sarkozy, le 15 février au journal de 20 heures sur TF1, au moment où il annonçait sa candidature, il a déclaré que le "candidat socialiste" débitait une "longue litanie" contre lui. "Il en a le droit. Mais il n'a donc pas d'idées à proposer ? Il n'y a pas des choses plus intéressantes que de parler de moi ? Franchement, je comprends qu'il me critique, mais il n'a pas des idées à mettre sur la table ?" Avant de conclure : "C'est certainement quelqu'un de respectable".

Ces échanges ne sont certes pas anecdotiques. L'analyse de contenu des communiqués émis au long de la campagne a montré que – pour les cinq principaux candidats à l'élection présidentielle, une proportion importante, et parfois prépondérante, de leur communication est employée à critiquer le (ou les) autre(s). Le président est la cible principale des quatre autres et de leurs partis respectifs (Modem, PS, FN et FG) ; N. Sarkozy et l'UMP ayant choisi de concentrer leurs attaques contre F. Hollande et le PS.

Mais quelle est plus précisément la vision des uns et des autres sur eux-mêmes et sur leurs adversaires ?

Pour le savoir, il faut rechercher, dans les messages émis par les candidats à l'élection présidentielle, tous les passages parlant de l'adversaire puis, dans cet ensemble, repérer les relations d'association et d'exclusion existant entre les mots employés pour parler de l'autre, à la manière dont on compose un article de dictionnaire[1].

On examinera successivement l'image de F. Hollande et celle de N. Sarkozy dans les messages émis par les deux camps, puis on élargira l'analyse à F. Bayrou et M. Le Pen.

Monsieur F. Hollande : électoraliste, démagogique et irréaliste

Considérons d'abord les communiqués que l'UMP a diffusés durant toute la campagne, soit 715 communiqués, contenant au total 186 045 mots et un vocabulaire de 7 681 vocables différents. A titre de comparaison, un gros roman comme *Mme Bovary* est long de 122 000 mots.

Pour dégager le portrait de F. Hollande dans ce vaste ensemble, l'algorithme relève les mots qui sont employés avec ce nom dans un entourage restreint – en général, il s'agit de la phrase - ce qui permet d'établir le vocabulaire associé au nom du leader socialiste et la surface de texte qui lui est explicitement consacrée. Ainsi durant la campagne présidentielle, l'UMP a consacré 53 224 mots, soit 28% de toute sa communication à critiquer F. Hollande en le désignant explicitement par son nom. Comme l'avait déjà relevé l'analyse de contenu, c'est de très loin le premier thème de la campagne de l'UMP.

Le vocabulaire de l'UMP associé à Hollande

Pour chacun des mots utilisés avec *F. Hollande*, un test statistique détermine si ce mot est significativement sur-employé (S+) ou significativement sous-employé (S-) lorsque l'UMP parle de celui qu'elle désigne comme le principal rival de N. Sarkozy (en choisissant un seuil d'erreur plus ou moins sévère[2]). On obtient ainsi l'"univers lexical" du vocable *(F.) Hollande* dans le discours de l'UMP.

---

[1] Sur le lexique : Dubois 1962, Matoré 1973, Picoche 1977. Sur la statistique appliquée à l'étude du lexique : Guiraud 1950 & 1960. Sur les méthodes et calculs utilisés dans la présente étude : Hubert & Labbé 1995, Labbé &Labbé 2005.
[2] Dans la suite de cette analyse on utilise $\alpha = 5\%$. Voir : Labbé & Labbé (1994). Document consultable en ligne.

Par exemple, les communiqués de l'UMP emploient 74 fois le substantif *affaire(s)* dont 39 dans les phrases visant explicitement F. Hollande. Une répartition au hasard en laisserait attendre 20. Le test statistique indique que cet événement (association de *Hollande* et *affaires* 39 fois au lieu de 20) a moins de 1 chance sur 10 000 d'être due au hasard. On en conclut que ce substantif est un élément hautement caractéristique du vocabulaire que l'UMP associe à la personne de F. Hollande.

Autre exemple : le verbe *mentir*. Les communiqués de l'UMP utilisent en tout 27 fois ce vocable dont 16 dans l'entourage immédiat de F. Hollande alors qu'une répartition au hasard en ferait attendre 7. Le même test permet de conclure, avec la même marge d'erreur inférieure à 1‰, que *mentir* est, dans l'esprit des rédacteurs de ces communiqués, une action qui caractérise bien F. Hollande.

La liste complète des vocables associés à F. Hollande (S+) est donnée dans le tableau 1 ci-dessous.

Tableau 1. Les vocables significativement sur-employés avec *Hollande* dans les communiqués de l'UMP (classement par catégories grammaticales et indices décroissants)

Noms propres : François, Antille, Temaru, Bourget, Bernard, RTL, Polynésie, Banon, Parisien, Tristane, Mougeotte, Bouches-du-Rhône
Verbes : dénoncer, proposer, vouloir, dire, déclarer, étonner, mentir, tenter, renier, sortir, cacher, sembler, élire, jouer, esquiver, révéler, exiger, tromper, fuir, interroger, accuser, multiplier, contraster, apparaître, ignorer, contredire, comprendre, annoncer, inquiéter, vendre, refuser, expliquer, pratiquer, présenter, condamner, oser, masquer, évoquer, croire, repousser, promettre, brader, découvrir, réagir, imaginer, renvoyer, parler, critiquer, supprimer, désigner, inventer, persister, contenter, tourner, changer, oublier
Substantifs : monsieur, candidat, proposition, campagne, ambiguïté, programme, affaire, éducation, secrétaire, flou, arrogance, débat, réalité, poste, équipe, déclaration, traité, parole, porte-parole, émission, ami, manque, cas, directeur, tête, absence, régularisation, irresponsabilité, renoncement, matraquage, réaction, imprécision, improvisation, réacteur, euthanasie, clan, épisode, contradiction, passé, esquive, attention, imposture, phrase, conseiller, sans-papier, tour, communication, immigré, revirement, leader, art, nucléaire, fois, coup, indécision, finance, vote, critique, fonctionnaire, enjeu, incapacité, dérapage, reniement, preuve, retour, discours, refus, ratification, rédaction, vide, silence, propos, cause, accord, langage, outremer, classe, méconnaissance, méthode, délit, dépense, question,

lieutenant, démagogie, opinion, déplacement, recette, lettre, position, stupéfiant, filière, allié, défense, jeunesse, domaine, promesse, dossier, chose, camp, incohérence, idée, acte, atermoiement, clarté, contraste, intention, quotient, impôt, image, suppression, invective, représentant, boulet, burqa, escroquerie, explication, malheur, projet, or, fédération, libération, défiscalisation, présidente, mal, changement, commission, stratégie, attaque, banlieue, mépris

Adjectifs : électoraliste, double, démagogique, permanent, flagrant, nucléaire, culturel, national, chargé, moindre, dépensier, clair, irréaliste, interne, moyen, précis, publié, interrogé, tranquille, énième, dernier, fiscal, coûteux, trentenaire, jeune, familial, crédible, grand, véritable, normal, pris, incapable, souverain, spécial, budgétaire, général, public, dupe, signé, coupable

Pronoms : se, vous, lui-même, rien, lui, que, le, sien

Adverbes : alors, ne, encore, pas, où, manifestement, déjà, contrairement, d'ores et déjà, beau, publiquement, décidément, oui, non

Déterminants : son, soixante, quelque, même, quinze, plusieurs, premier

Conjonctions et prépositions : que, si, sur, après, pendant, ou, selon, donc, par, mais, quand, dès

Lorsqu'il parle de F. Hollande, le discours de l'UMP se caractérise par :

- la rhétorique de la dénonciation, comme l'indique le verbe le plus caractéristique (*dénoncer*), mais aussi *s'étonner, s'inquiéter, s'interroger*... Les communiqués *dénoncent* l'*ambigüité*, le *flou*, les *contradictions*, l'*électoralisme*, l'*irresponsabilité* du *programme* et des *propositions* de F. Hollande, son *double langage*, sa *démagogie*, sa *méconnaissance*, ses *incohérences*, ses *imprécisions*, ses *escroqueries*, son *mépris*[1]... Mais aussi son *indécision*, le *manque* d'*idée nouvelle*, le *matraquage*, etc.

- les verbes *mentir, renier, cacher, esquiver, tromper, fuir, ignorer,* (se) *contredire, masquer, brader*...

- une domination des constructions négatives : *ne pas dire, ne pas vouloir, ne pas pouvoir*...

- une faible présence des noms propres, des chiffres et des dates, sauf les *60 000 postes* dans l'*Éducation nationale* que l'UMP répète en boucle comme exemple de l'*irresponsabilité* de F. Hollande.

---

[1] Pour la manière dont on passe des vocables aux groupes de vocables : Blumenthal & Hausmann 2006. Pour les méthodes employées dans la présente étude : Pibarot et Al. 1998.

Le vocabulaire de l'UMP antinomique de Hollande

Pour définir le sens d'un mot, les dictionnaires donnent toujours les antonymes (ou mots de sens opposé). En effet, pour donner du sens à un mot, les relations d'opposition (ou d'exclusion) sont aussi importantes que les associations et les synonymies. L'ordinateur peut retrouver ces relations d'opposition en recherchant les mots qui sont trop rarement associés ensemble.

Par exemple, dans les communiqués de l'UMP, le substantif *valeur* est associé 9 fois à F. Hollande (et dans des constructions négatives) alors qu'une répartition normale laisserait attendre 31 associations. Un tel écart a moins de 5 chances sur 100 000 de se produire au hasard. Dans l'esprit des rédacteurs de communiqués de l'UMP, les *valeurs* – le *combat pour les valeurs* – sont donc étrangères à F. Hollande. De même, les communiqués de l'UMP utilisent 492 fois la *France* et seulement 77 fois en l'associant à F. Hollande, soit deux fois moins que ce qu'une utilisation normale laisserait attendre. Logiquement, il en est de même pour *Français* et, tout aussi logiquement, ces deux noms propres sont, avec *Europe*, des mots que l'UMP associe fortement à N. Sarkozy.

Le tableau 2 donne la liste des vocables les plus fortement dissociés de F. Hollande dans le vocabulaire de l'UMP. La première ligne de ce tableau indique que cette seconde liste dessine le portrait de *Nicolas Sarkozy*. Autrement dit, le lexique de l'UMP est organisé autour de l'opposition entre les deux hommes. Les univers lexicaux sont antinomiques : les qualités de l'un s'opposent aux défauts de l'autre ; ce que l'un fait, l'autre n'en est pas capable.

Tableau 2. Les vocables les plus fortement dissociés de F. Hollande dans les communiqués de l'UMP (classement par catégorie grammaticale et indices décroissants)

Mots à majuscules : Sarkozy, Nicolas, France, Français, Europe, Toulouse, Mohammed, Merah, Claude, Guéant, PS, TPE, HADOPI, RSA, Merkel, Allemagne, Le Pen, Jeanne d'Arc, Moody's
Verbes : saluer, protéger, peser, permettre, pouvoir, arrêter, préserver, revaloriser, instaurer, garantir, lutter, rappeler, soutenir, renforcer, réformer, réjouir, poursuivre, féliciter, être, défendre, construire, augmenter, agir, falloir, tenir, retrouver, aller, valoriser, engager, maintenir, participer, laisser, mener,

> apporter, offrir, porter, partager, traverser, viser, mériter, venir, réduire, adopter
>
> **Substantifs :** combat, autorité, force, avenir, courage, vérité, détermination, crise, solution, aide, peuple, pays, authenticité, audace, droit, femme, terrorisme, succession, quartier, famille, histoire, collège, majorité, allègement, ministre, réussite, délinquance, administration, culture, concitoyen, résultat, marché, métier, modèle, référendum, personne, mesure, jeune, enseignement, besoin, entreprise, euro, protection, formation, gouvernement, étudiant, emploi, compétitivité, territoire, devoir, enfant, homme, effort, vœu, école, président, opposition, solidarité, action, république, chômage, travail, virgule, valeur, réforme, établissement, chance, condition, volonté, zone, sanction, réflexion, couple, autonomie, choix, prix, chiffre, chef, citoyen, pratique, mémoire, insertion, objectif, principe, cœur, centre, logement, maîtrise, élève, victime, million, obligation, clivage, personnel, individu, gauche, mandat, charge, monde, conseil, confiance, innovation, décision, lutte, service, pacte, contrat, plan, ambition, situation, initiative, collectivité, priorité, maladie, salaire, vie, compatriote, ensemble, moyen, renforcement, ouverture, offre, alternance, peine, habitant, baisse, ordre, bilan, excellence, retraite, état, particulier, handicap, contexte, politique, communauté, application, comportement, fonds, dialogue, but, atout, accueil
>
> **Adjectifs :** social, fort, fondamental, français, courageux, professionnel, meilleur, déterminé, structurel, local, républicain, fondamental, seul, ambitieux, fier, humain, commun, adapté, bon, unique, difficile, réaliste, long, nécessaire, politique, financier, nombreux, réel,
>
> **Pronoms :** nous, ils, ce, chacun, cela, celui,
>
> **Adverbes :** bien, mieux, notamment, très, largement, aussi, autant, ailleurs, autour, ainsi, moins, plus, absolument, demain, ensuite, également, pourquoi, particulièrement, d'abord
>
> **Déterminants :** neuf, mille, quel, sept, six, cent, cinq, deux, leur, notre, chaque, un, quatrième, zéro, huit, quatre, quarante, onze
>
> **Conjonctions et prépositions :** parce que, contre, depuis, pour, et, afin, entre, ni, devant

De même que l'UMP *dénonce* F. Hollande, elle salue N. Sarkozy, elle se *réjouit* et se *félicite* à chacune de ses décisions ou de ses déclarations.

Les autres verbes dessinent les actions opposées des deux hommes. Pour l'UMP, l'action la plus caractéristique de N. Sarkozy : *protéger la France et les Français de la crise*. Puisque *mentir* est très caractéristique de F. Hollande, le substantif *vérité* est fortement associé à N. Sarkozy. Quand elle parle de l'action de F. Hollande, l'UMP utilise beaucoup *ne... pas* ; pour celles de N. Sarkozy : *bien, mieux, largement, absolument...*

Quelles sont les qualités du président qui manquent à F. Hollande ? L'*autorité*, la f*orce*, et le *courage* tout d'abord, mais aussi l'*authenticité*, l'*audace*, la *détermination*. La liste des adjectifs est un véritable catalogue de ce qui manque à F. Hollande : *social, fort, courageux, déterminé, professionnel, ambitieux, humain, bon, réaliste...* et, surtout : *français*.

Qu'est-ce qui va mal avec F. Hollande et bien avec N. Sarkozy ? Outre la *France* et les *Français*, l'*Europe*, les *TPE* (très petites entreprises), les *objectifs*, la *réussite*, la *protection* (sociale), la *responsabilité*, la *République* et naturellement : le *travail*.

On note enfin que les chiffres et les dates sont sous-employés lorsque l'UMP écrit à propos de F. Hollande et donc sur-employés quand il s'agit de N. Sarkozy. En effet, les chiffres et les dates donnent une profondeur temporelle au discours et l'ancrent dans la réalité économique et sociale, qualités qui sont réservées au président et déniées à son adversaire socialiste.

Les phrases les plus caractéristiques de (F.) Hollande dans le discours de l'UMP

Une fois établi l'univers lexical de F. Hollande, l'algorithme relit l'ensemble des communiqués à la recherche des phrases les plus caractéristiques de cet univers. Il donne à chaque phrase un "score" en fonction du nombre de vocables caractéristiques qu'elle contient. Ce score augmente d'une unité à chaque fois que l'automate rencontre un vocable associé à F. Hollande et diminue d'une unité pour chaque vocable significativement sous-employé dans l'univers du leader socialiste.

Le tableau 3 ci-dessous présente les 5 phrases dont le score est le plus élevé. En quelque sorte, ce sont les citations illustratives du lexique des partisans de N. Sarkozy quand ils parlent de celui qu'ils considèrent – à juste titre - comme leur adversaire principal.

Tableau 3. Les phrases les plus caractéristiques de l'univers de F. Hollande dans les communiqués de l'UMP (classées selon leurs scores absolus)

> En effet, alors que Dominique Strauss-Kahn vient d'être mis en examen pour "proxénétisme aggravé en bande organisée", alors que le monsieur sécurité de François Hollande, Jean-Jacques Urvoas a été mis en relation par Dominique Strauss-Kahn, selon le journal *Le Monde*, avec un autre des mis en examen de l'affaire, monsieur Jean-Christophe Lagarde, ancien directeur de la sécurité publique du Nord, pour des raisons qui restent encore à éclaircir, monsieur Hollande a décidé de s'en laver les mains. (27 mars 2012 score 18)
>
> Enfin cet après-midi, après le tollé suscité auprès des associations familiales François Hollande déclare à l'AFP " je ne veux pas supprimer le quotient familial " in fine, plus personne ne sait ce que veut faire François Hollande, à commencer par ses propres amis. (10 janvier 2012, score 17)
>
> En déclarant qu'il "renégocierait" ce traité européen, dont le processus de ratification s'enclenche dès maintenant, et en s'abstenant honteusement, il y a quelques jours à l'Assemblée nationale, sur le Fonds Monétaire Européen, François Hollande démontre qu'il fait peu de cas de la parole de la France, et ce ne sont pas ses tentatives de construction, à travers des rencontres à l'étranger de responsables de partis politiques, d'une quelconque stature internationale ou européenne qui y changeront grand-chose. (2 mars 2012, score 16)
>
> La présidente de la commission des affaires culturelles et de l'éducation de l'Assemblée nationale estime que François Hollande se trompe à la fois dans son analyse du bilan de la majorité en matière d'éducation, que dans ses propositions qui se résument à une augmentation inconsidérée des moyens. (5 janvier 2012, score 15)
>
> Quoi qu'il en dise, François Hollande est bien dans le double langage : en déplacement aujourd'hui à Londres pour une "opération séduction", il tente de présenter un profil acceptable pour la presse anglo-saxonne et ses amis britanniques, en déclarant qu'il n'est "pas dangereux", alors qu'en France, dans son discours au Bourget, il avait déclaré la guerre à son "ennemi", la finance. (29 février, score 15)

Cette méthode du score absolu donne un certain avantage aux phrases les plus longues, c'est pourquoi l'on calcule également un score relatif (en fonction de la longueur de la phrase) qui favorise plutôt les phrases brèves, formulées un peu comme des slogans (tableau 4 ci-dessous).

Tableau 4. Les phrases les plus caractéristiques de F. Hollande dans les communiqués de l'UMP (classées selon leurs scores relatifs).

François Hollande ou l'art du double discours permanent. (20 février 2012 score : 70%)
A force de changements, François Hollande se perd lui-même dans son propre programme ! (2 février 2012, score : 70%)
Qu'on ne s'y trompe pas : François Hollande ne fera pas différemment, il ne fera rien. (12 avril 2012, score 67%)
Je dénonce le double discours de François Hollande sur la finance. (12 février, score 64%)
Dans ses 60 propositions, François Hollande multiplie les effets d'affichage cosmétiques. (26 janvier 2012, score 50%)
Promesse de créations de postes dans l'éducation nationale : le manque de clarté de François Hollande crée des tensions dans son propre camp. (17 janvier 2012, score 50%)
Une nouvelle fois, François Hollande fait une proposition électoraliste, mais également irresponsable. (11 janvier 2012, score 50%)
Quand François Hollande annonce qu'il veut supprimer le quotient familial, il cède à la démagogie. (10 janvier 2012, score 50%)
Trois mois après son investiture, François Hollande ne fait toujours pas l'unanimité au sein même de son propre camp ! (18 janvier 2012, score 48%)

Cependant, on peut très bien parler de quelqu'un sans le nommer, en utilisant un pronom – *il* ou *on* – ou une périphrase comme "le candidat (du parti) socialiste" (au lieu de *Hollande*). L'UMP ne s'en prive pas, mais c'est surtout N. Sarkozy qui recourt à ce genre de procédé.

Le candidat (du parti) socialiste

Pour avoir un tableau complet de la vision du principal rival de N. Sarkozy, dans l'esprit des partisans de N. Sarkozy, il faut relever aussi le vocabulaire employé dans tous les passages qui attaquent F. Hollande sans le nommer mais en utilisant un mot ou une expression qui le désignent clairement (synonymes)[1].

---

[1] Méthode présentée dans : Leselbaum & Labbé (2002). Voir également : Labbé (2010). Ces documents sont consultables en ligne.

A l'aide de l'univers lexical défini lors de l'étape précédente, l'algorithme recherche les passages où l'UMP (ou N. Sarkozy) parlent de F. Hollande sans employer ce nom.

On constate d'abord que, en moyenne sur la période, l'UMP consacre encore près de 5% de sa communication à critiquer F. Hollande - sans utiliser son nom, mais en le visant explicitement - le plus souvent par deux formules : *le candidat socialiste* et, secondairement, *le candidat du Parti socialiste*.

Voici les trois phrases les plus caractéristiques de ces attaques indirectes contre F. Hollande (dans la troisième ne figure aucun synonyme à proprement parler mais une convergence suffisante pour permettre au logiciel de décider que cette phrase porte bien sur F. Hollande) :

> "En effet, comment faire confiance à un homme qui tient un discours à géométrie variable quel que soit le sujet : sur les retraites, sur la laïcité, sur le nucléaire, sur le quotient familial sur le financement de ses 60000 emplois dans l'Éducation nationale, sur la sécurité, le candidat socialiste est un vrai adepte de la contorsion... (14 février 2012, score 19)

> Si on les croyait, le caractère mou du candidat socialiste et son incapacité à diriger le PS seraient des preuves de son élasticité, le Parti socialiste ne serait que paix et amour, Guérini un petit garnement, DSK un joyeux libertin ! (25 avril 2012, score 12)

> C'est pourquoi parmi leurs 44 propositions et la longue litanie de propositions aussi générales que sans aucune ambition, il n'y a pas une idée sur le tourisme, sur l'immigration, sur la lutte contre la délinquance, sur le renforcement des coopérations régionales ou sur la garantie d'une justice efficace. (14 janvier 2012, score 11)

Mais, les relations d'association et d'exclusion entre les mots ne sont que la partie la plus visible de la fabrique du sens. Elles sont dominées, subsumées par des choix plus fondamentaux que révèle la densité des catégories grammaticales dans un discours donné.

Structure grammaticale de l'univers de F. Hollande dans le discours de l'UMP

Le tableau 5 ci-dessous présente les densités des principales catégories grammaticales dans l'ensemble des communiqués de l'UMP (colonne A) et dans les phrases visant F. Hollande sans le nommer (colonne B).

Tableau 5. Densités des catégories grammaticales dans l'univers des synonymes de F. Hollande comparés au corpus total des communiqués de l'UMP.

Catégories grammaticales	A (Corpus-Univers) (‰)	B Univers synonymes (‰)	B-A/A (%)
Verbes	117.6	104.5	-11.1
Formes fléchies	*65.9*	*64.3*	*-2*
Participes passés	*16.8*	*16.1*	*-4*
Participes présents	*5.3*	*4.4*	*-17*
Infinitifs	*29.7*	*19.7*	*-33.6*
Noms propres	60.3	35.1	-41.8
Substantifs	215.0	247.8	+15.2
Adjectifs	68.6	87.7	+28.0
Adj. participe passé	*9.2*	*10.2*	*+11.5*
Pronoms	54.9	56.3	+2.6
Pronoms personnels	*25.4*	*24.1*	*-4.8*
Déterminants	207.9	198.1	-4.7
Articles	*152.4*	*148.4*	*-2.6*
Nombres	*25.9*	*15.4*	*-40.7*
Adjectifs possessifs	*15.9*	*16.8*	*+5.7*
Adjectifs démonstratifs	*8.0*	*10.2*	*+27.2*
Adjectifs indéfinis	*5.8*	*7.3*	*+27.0*
Adverbes	47.5	51.2	+7.7
Prépositions	184.3	180.6	-2.0
Conjonctions	43.0	36.5	-14.9
Coordination	*28.4*	*25.6*	*-9.8*
Subordination	*14.6*	*11.0*	*-24.9*

* Le total des colonnes n'est pas égal à 1000 du fait de la non-prise en compte des locutions et des mots étrangers.

La première ligne de ce tableau se lit ainsi : en moyenne, pour mille mots utilisés dans les communiqués de l'UMP, il y a 117,6 verbes (colonne A), mais quand l'UMP parle de F. Hollande (sans le nommer), cette proportion tombe à 104,5 ‰, soit un recul de 11% (dernière colonne).

Les écarts entre les colonnes A et B sont considérables (dernière colonne). Les écarts négatifs les plus forts sont constatés pour les mots à majuscules et les nombres. Les premiers assurent l'ancrage du discours dans l'espace physique (noms de pays, de peuples, de régions, de villes) et dans l'espace social ou économique (noms de personnes, de firmes, d'associations...). Les seconds l'ancrent dans le temps (dates) ou dans la réalité sociale, économique, financière. Comment mieux suggérer que F. Hollande et son parti n'ont pas de racines, que leurs discours sont abstraits, théoriques, que leurs propositions ne sont pas réalistes (contrairement à celles de N. Sarkozy) ?

De plus, quand l'UMP fait allusion à F. Hollande, elle emploie peu de verbes. Du point de vue grammatical, le verbe n'est pas indispensable – les phrases nominales font d'excellents slogans – mais il l'est pour suggérer un pensée tournée vers l'action et le réel. Telle est la raison pour laquelle les partisans de N. Sarkozy en utilisent si peu quand ils parlent de F. Hollande, contrairement à ce qu'ils font quand leurs phrases portent sur leur leader. Pour les verbes, les écarts les plus significatifs concernent les participes présents et les infinitifs. Les premiers servent à prêter aux choses et aux êtres des qualités intrinsèques[1] et, justement, F. Hollande n'a pas de qualités, contrairement à N. Sarkozy qui en a beaucoup ! Quant à l'infinitif, il entre dans des compositions - du type *vouloir faire, pouvoir dire, devoir être, falloir dire*, etc. – qui donnent à la phrase une teinte particulière (la *volonté*, le *possible*, l'*obligation*, la *connaissance*)[2]. Les actions et les propositions de N. Sarkozy en sont abondamment pourvues ; celles de F. Hollande trop peu, ce qui est logique puisque, selon l'UMP, le programme de F. Hollande est *vide*.

Naturellement, quand l'UMP parle de N. Sarkozy, il y a beaucoup plus de mots à majuscule – manifestant sa dimension internationale et le nombre de ses soutiens – et plus de dates et de chiffres suggérant sa compétence, son réalisme, ses réussites...

On voit également que le discours polémique privilégie l'indéfini, il montre du doigt à l'aide des démonstratifs (*ce* programme, *cette* proposition)... et surtout il valorise positivement le

---

[1] Cressot (1963)
[2] Labbé & Labbé (2010).

camp de l'émetteur et négativement l'adversaire (adjectifs et adverbes) dont la liste a été donnée ci-dessus.

La division du travail entre N. Sarkozy et l'UMP

Les mêmes procédures sont appliquées aux textes émis par le site de N. Sarkozy (www.lafranceforte) et par le président dans ses discours après le lancement de sa candidature. Il apparaît que les mêmes univers sémantiques sont à l'œuvre mais que les densités sont très différentes (récapitulation dans le tableau ci-dessous)

Tableau 6. Surface de texte consacrée à la critique de l'adversaire dans la communication de N. Sarkozy et de l'UMP (en % du total des mots)

	Hollande	Synonymes (*Hollande*)	*Socialiste*	Somme
UMP	27,9	4,6	10,3	32,4
Sarkozy (communiqués)	8,7	4,5	6,0	19,1
Sarkozy (discours)	1,6	11,2	0,9	13,7

Il y a donc une division des tâches entre le président et son parti. L'UMP est chargée des attaques personnelles contre le rival. Elle a également en charge les attaques partisanes (explicitement dirigées contre le PS). Dans ses discours et entretiens, le président donne, lui aussi, une grande place aux attaques contre F. Hollande et son parti, mais il le fait d'une manière moins personnalisée, en évitant, autant que possible de les nommer, mais en faisant clairement allusion à eux grâce à divers synonymes. Comme dans les communiqués de l'UMP, il s'agit le plus souvent du "*candidat (du Parti) socialiste*" ou, plus simplement des pronoms "il" ou "on"[1]). Les communiqués émis par l'équipe de campagne du président se situent à mi-chemin.

Des mécanismes très semblables se trouvent à l'œuvre dans la communication du PS et de F. Hollande.

---

[1] N. Sarkozy construit 17% de ses phrases avec ce pronom qui désigne la plupart du temps F. Hollande ou le PS. Voir l'analyse de ce pronom dans le chapitre 7.

N. Sarkozy vu par le PS et par F. Hollande

Existe-t-il chez F. Hollande et ses partisans, une division du travail comparable à celle instaurée entre N. Sarkozy et l'UMP ? Le tableau ci-dessous apporte une réponse positive.

Tableau 7. Surface de texte consacrée à la critique de l'adversaire dans la communication de F. Hollande et du PS (en % du total des mots)

	N. Sarkozy	Synonymes (Sarkozy)	Sortant (président ou candidat)	Somme
PS	15,9	5,2	6,8	27,9
Hollande (communiqués)	2,9	3,2	4,3	10,3
Hollande (discours)	1,5	5,6	3,3	11,4

On observe des densités comparables, quoique légèrement plus faibles que dans la communication de N. Sarkozy et de l'UMP. Toutefois, des substantifs comme *bilan*, *droite* et autres synonymes de N. Sarkozy échappent en partie au recensement, mais il faut comparer ce qui est comparable. On retrouve donc la conclusion de l'analyse de contenu : l'un des premiers thèmes de la communication de F. Hollande et de ses partisans est bien la critique du président (le *sortant*).

L'image de N. Sarkozy dans la communication socialiste

Quelle est, dans la communication socialiste, l'image de N. Sarkozy ? Le tableau suivant présente les vocables significativement sur-employés et sous-employés dans l'univers de *Sarkozy* dans les communiqués du PS (classement par catégories grammaticales et indices décroissants). On trouvera ensuite les phrases les plus caractéristiques de cet univers lexical.

Quand ils parlent de N. Sarkozy, les partisans de F. Hollande utilisent un vocabulaire assez comparable à celui que l'UMP associe à F. Hollande. Par exemple, les mots les plus fortement associés sont négatifs (*bilan, échec, chômage, mensonge, privilège, injustice*…) ; les mots le plus significativement sous-employés sont… *France*,

Français, Europe... avenir ou *travail*, comme dans les communiqués de l'UMP quand elle parle de F. Hollande !

Tableau 8. Les vocables les plus fortement associés à N. Sarkozy dans les communiqués du PS (classement par catégorie grammaticale et indices décroissants)

Noms propres : Nicolas, CRS, Merkel, Kadhafi
Verbes : avoir, tenter, mentir, attaquer, accuser, renier, oser, chercher, apprêter, prendre, demeurer, disqualifier, échapper, promettre, ajouter, confronter, prouver, rejeter, expliquer, justifier, employer, abandonner, vouloir, oublier, faire, remettre, voir, présenter,
Substantifs : candidat, président, bilan, chômage, mensonge, quinquennat, échec, chiffre, outrance, réalité, monsieur, promesse, manipulation, mépris, discours, privilège, annonce, présidence, preuve, injustice, mandat, riche, excuse, justification, relation, désaveu, déclaration, division, début, ministre, référendum, vœu, interview, indépendance, contradiction, matière, fois, filiale, compte, campagne, affaire, caricature, camp, fait, octobre, jour, hypothèse, peur, disparition, journaliste, succession, face, soir, élection, pouvoir, évidence, point, laïcité, demandeur, prix, emploi, candidature, conclusion, directeur, doute, fin, ligne, impôt, nombre, histoire, proposition, nouveau, vérité, million, taxe, banlieue, débat, propos
Adjectifs : présidentiel, scandaleux, mauvais, vrai, tenu, nouveau, grave, propre, aisé, parlementaire, crédible, annoncé, seul, dernier
Pronoms : que, un, lui-même, en, cela, rien, y, autre
Adverbes : ne, alors, pas, finalement, hier, très, désormais, encore, aujourd'hui, où
Déterminants : son, sept, cinq, neuf, deux, mille, certain
Conjonctions et prépositions : que, sur, après, comme, pendant, quand, avec, ni, derrière, contre

---

Tableau 9. Vocables significativement sous-employés dans l'univers de Sarkozy dans les communiqués du PS (classement par catégories grammaticales et indices décroissants)

Noms propres : François, Hollande, Union européenne, Paris, PME, Europe, France, Copé
Verbes : devoir, garantir, aller, favoriser, proposer, agir, engager, permettre, falloir, donner, redonner, améliorer, convaincre, parler, participer, vivre, partager, trouver, mettre, laisser, assurer, recevoir
Substantifs : région, génération, avenir, charge, accès, enfant, jeune, collectivité, gouvernement, contrat, université, investissement, association, marché, croissance, place, égalité, formation, pacte, sport, dispositif, établissement, acteur, fermeture, faveur, développement, égard, insertion, œuvre, valeur, mise, logement, qualité, santé, crédit, état, innovation, électricité, transport, porte-à-porte, mai, enjeu, situation, porte, organisation, production, lieu, rapport, action, étudiant, aide, société, travers, enseignant, étranger

> **Adjectifs :** véritable, ambitieux, européen, professionnel, solidaire, socialiste, grand, collectif, public, territorial
> **Pronoms :** il, vous, nous, ils
> **Adverbes :** également, notamment, déjà, mieux, ici, particulièrement, non
> **Déterminants :** cinquante, un, ce, leur, notre, onze, autre, tout, chaque
> **Conjonctions et prépositions :** afin, dans, vers, pour, et, parce que, dès, ou, entre

De même, les partisans de F. Hollande, quand ils parlent de *Sarkozy*, emploient moins de verbes que dans le reste de leurs communiqués. On retrouve la même dépersonnalisation, le suremploi des adjectifs et des adverbes, le faible ancrage dans l'espace, le temps et la société (moins de nombres et de mots à majuscule).

Des différences méritent cependant d'être notées.

Le premier thème dans les communiqués de F. Hollande et du PS, c'est le *bilan* du *candidat sortant*. Cela tient naturellement à l'asymétrie des situations. Il est normal pour les socialistes d'attaquer le *bilan* (substantif le plus fortement associé à *Sarkozy*) alors que l'UMP doit se contenter de critiquer les *propositions* et le *programme* de F. Hollande. Pour la même raison, les communiqués du PS et de F. Hollande contiennent moins de verbes, quand ils critiquent N. Sarkozy et ces verbes sont très souvent au passé (d'où la présence de l'auxiliaire *avoir* au premier rang des verbes caractéristiques de N. Sarkozy). Cette utilisation du passé est la principale différence avec l'univers de *Hollande* dans le discours de l'UMP. C'est pourquoi trois dates sont caractéristiques de l'univers de N. Sarkozy : 2005 (sa politique comme ministre d'État, ministre de l'Intérieur), 2007 (ses promesses lors de l'élection présidentielle), 2009 (pour la crise sociale et diverses réformes).

Autre caractéristique propre au discours socialiste : l'opposition entre la *droite* et la *gauche* souvent évoquée au PS et par son candidat alors qu'elle est absente du discours de l'UMP.

Ces nuances admises, la critique du président et de sa politique sont bien le premier thème de la communication de F. Hollande et de son équipe, avant même la valorisation du candidat et de ses *propositions*. A partir de l'entrée en campagne de N. Sarkozy, elle a rejoint en proportion et en intensité la campagne symétriquement inverse de l'UMP contre F. Hollande. Les phrases les plus caractéristiques relevées par le logiciel en donnent des illustrations éclairantes (tableaux 10 et 11).

Tableau 10. Phrases les plus caractéristiques de N. Sarkozy dans les communiqués du PS en valeur absolue (avec leurs scores)

Nicolas Sarkozy dans ses vœux à la presse de ce jour a omis d'évoquer le bilan sinistre du quinquennat en matière d'indépendance de la presse : atteintes graves à la protection des sources (comme le prouve encore aujourd'hui l'affaire Bettencourt), nomination des présidents de l'audiovisuel public par le président lui-même, fragilisation du budget de France Télévisions, pression sur les journalistes, limogeages de certains directeurs de rédaction ayant déplu, etc. (30 janvier 2012, score 17)
Échec à maintenir les seniors en emploi : avec plus 345700 demandeurs d'emploi de plus de 50 ans qu'il y a cinq ans, Nicolas Sarkozy s'est bel et bien trompé : ce n'est pas en portant l'âge légal de départ à la retraite à 62 ans que l'on crée de l'emploi pour les seniors. (26 avril 2012, score 16)
Le candidat Sarkozy ne dit rien sur le pouvoir d'achat, rien sur l'emploi, rien sur la relance économique du pays, rien sur les difficultés rencontrées par le monde industriel, rien sur l'innovation, rien sur l'éducation, rien sur l'avenir, rien sur la France. (6 avril 2012, score 15)
Nathalie Kosciusko-Morizet a précisé la pensée du candidat Nicolas Sarkozy à propos de ses annonces sur l'éducation à Montpellier : non seulement, le candidat ne se sent pas engagé par le bilan du président sortant, mais il n'est pas engagé non plus par le coût des dépenses de ses nouvelles promesses. (29 février 2012, score 14)
Ultimatum sur Schengen par Nicolas Sarkozy : l'irresponsabilité sur le bilan comme sur l'avenir, en matière d'immigration, le candidat sortant persiste à accumuler les mensonges, alimenter les peurs et tenter de faire oublier qu'il est comptable de la politique menée depuis 5 ans, voire depuis 10 ans. (11 mars 2012, score 13)

Tableau 11. Phrases les plus caractéristiques de N. Sarkozy dans les communiqués du PS en valeur relative (avec leurs scores)

Nicolas Sarkozy candidat dénonce ce que Nicolas Sarkozy président a fait. (10 janvier 2012, score 0.73)
Par ses mensonges, Nicolas Sarkozy tente de masquer deux réalités. (16 février 2012, score 0.70)
Nicolas Sarkozy devrait s'expliquer sur ses relations avec le colonel Kadhafi. (12 mars 2012, score 0.50)

> Nicolas Sarkozy montre qu'il n'est pas meilleur candidat que président. (23 février 2012, score 0.50)
>
> Nicolas Sarkozy n'a pas tenu ses promesses faites aux familles. (17 février 2012, score 0.50)
>
> Le candidat Nicolas Sarkozy s'efforce d'imprimer, dès le début de la campagne, sa différence avec le président Nicolas Sarkozy. (20 février 2012, score 0.48).
>
> Ce matin sur France Inter le candidat sortant Nicolas Sarkozy a oublié qu'il a été président pendant 5 ans. (1er mars 2012, score 0.47)
>
> Les deux nouvelles annonces de Nicolas Sarkozy sont aussi irresponsables que dangereuses. (7 mars 2012, score 0.47)

Les synonymes de N. Sarkozy dans la communication socialiste

Contrairement à N. Sarkozy, F. Hollande n'utilise pratiquement pas "on". C'est que, pour attaquer son principal rival, il utilise une périphrase équivalente : *le candidat sortant*. En effet, l'adjectif "sortant" est l'un des mots les plus caractéristiques de F. Hollande, comparé aux quatre autres principaux candidats. Voici une phrase de F. Hollande qui éclaire cette technique :

> Nicolas Sarkozy avait voulu voir une vague... (huées dans le public) C'est terrible, partout où je me déplace et que je cite son nom, ce sont les mêmes cris ! C'est la raison pour laquelle depuis des mois, pour ne pas créer de difficulté, je l'appelle "le candidat sortant". (F. Hollande, Discours de Cenon, 19 avril 2012)

Dans la communication de F. Hollande, le second synonyme de N. Sarkozy est le pronom "il" qui est la manière la plus simple de désigner un tiers que tout le monde connaît sans avoir besoin d'utiliser son nom. Voici la phrase la plus caractéristique de ce sens spécifique de "il" comme synonyme de N. Sarkozy. Cette phrase a été prononcée pendant une émission de radio en réponse à une question du journaliste qui l'interrogeait sur les accusations de mensonges lancées contre N. Sarkozy :

> Je ne sais pas s'il les a trompés, je ne crois pas qu'il l'ait fait exprès, mais il se trouve qu'il a fait une campagne en 2007, qu'il a ensuite été président pendant 5 ans, il a tenu des propos durant ce mandat. (14 février 2012)

Conclusions

Chacun des deux principaux candidats a résolu à sa manière le problème de communication posé par leur choix identique de faire campagne essentiellement contre, tout en citant le moins possible l'adversaire !

Le substantif *mensonge* et le verbe *mentir* offrent une sorte de marqueur de l'intensité polémique de cette campagne. Jusqu'à l'entrée en lice de N. Sarkozy, les deux leaders l'évitaient – du moins quand les micros étaient branchés - contrairement à leurs partisans. En effet, dès le début janvier, le PS et l'UMP ont largement utilisé ces deux mots. Du 1er janvier au 25 février, l'UMP (et N. Sarkozy) l'utilisent 44 fois contre 29 au PS et F. Hollande. Mais chez les deux leaders, ces accusations étaient formulées de manière générale, en prenant soin de ne pas prononcer le nom de l'adversaire. Le 23 février, N. Sarkozy et F. Hollande ont abandonné cette prudence, franchissant, tous les deux en même temps, un nouveau pallier dans les mises en cause personnelles.

Les accusations réciproques de mensonge chez F. Hollande et N. Sarkozy

François Hollande - C'est une mesure en plus contre les familles, mais c'est surtout une forme de *mensonge* de candidat, je ne parle même pas de *mensonge* d'État, en l'occurrence.

Patrick Cohen - Ah, déjà les mensonges !

François Hollande - Écoutez, de dire, ils l'ont tous entendu, de dire ça va être 1000 euros de plus, quand il y a le retrait de la prime pour l'emploi ! Donc je considère qu'il ne peut pas y avoir de promesses qui puissent ainsi *tromper*, et notamment dans une campagne.

(Entretien avec Patrick Cohen sur France Inter – 23 février 2012)

N. Sarkozy : Quand je dis qu'il *ment*, parce que c'est un fait, on crie à l'outrage. Mais quand je suis traité de sale type, je dois sans doute considérer que c'est un propos très aimable qui m'est adressé. (N. Sarkozy, discours de Lille, 23 février 2012)

Une fois ce pas franchi, le substantif *mensonge* et le verbe *mentir* sont devenus d'usage courant. L'UMP et, plus encore, le PS les ont utilisés sans retenue ; les candidats avec un peu plus de prudence...

Seul, F. Bayrou s'est gardé de ces attaques directes. L'un de ses thèmes favoris de campagne était "je suis seul à dire la vérité aux Français", ce qui était une manière de suggérer que les autres trompaient les électeurs, mais sans les en accuser formellement...

Chapitre 5
L'ennemi unique

F. Hollande et N. Sarkozy ont porté l'un sur l'autre des regards symétriques et inverses. Leurs discours ont utilisé des mécanismes semblables de mise en valeur de soi et de péjoration de l'adversaire. S'agit-il d'une caractéristique particulière à ces deux hommes ou d'une sorte de "loi" du discours politique ? La même étude sur F. Bayrou et M. Le Pen montrera qu'il s'agit plutôt d'une tendance générale. Cela permettra de reconnaître une figure classique de la propagande : l'ennemi unique.

Cela conduira à examiner des questions plus générales : quelle place le candidat se donne-t-il dans sa communication ? Quelle relation entretient-il avec les autres, spécialement ses rivaux, et avec les électeurs ? Comment assume-t-il les difficultés de l'heure ?

N. Sarkozy et F. Hollande vus par F. Bayrou

Selon la méthode déjà exposée au chapitre précédent, on rassemble toutes les phrases de F. Bayrou et de ses partisans qui portent sur N. Sarkozy et on compare ce sous-ensemble au reste de leur communication. On obtient ainsi le vocabulaire caractéristique, c'est-à-dire les mots qui, dans l'esprit du candidat centriste, sont associés au président sortant (tableau 1).

Tableau 1. N. Sarkozy dans la communication de F. Bayrou (classement par catégories grammaticales et indices décroissants)

1. Vocabulaire associé à N. Sarkozy
Verbes : dépenser, annoncer, mentir, croire, écarter, dénoncer, affirmer, opposer, juger, multiplier, réagir, déplorer, commenter, présenter, convaincre, interroger, montrer, souhaiter, déclarer, rappeler, tenir, concerner, faire, refuser, souligner
Noms propres : François, Hollande, Merkel, Angela, Le Pen, Marine, Banque centrale européenne, Mélenchon, Schengen
Substantifs : milliards, dépenses, déficit, programme, promesse, illusion, fiscalité, division, impôts, bilan, déclaration
Adjectifs : dangereux, crédible, fiscal, financier, dernier, interrogé, socialiste, officiel, récent, sortant, probable, proche, ancien, simple

Adverbes : ne, hier, récemment, profondément, pas
Pronoms : ils, il, lui, qui

2. Vocabulaire antinomique de N. Sarkozy

Verbes : falloir, devoir, pouvoir, vivre, vouloir, proposer, savoir, produire, être, connaître, retrouver, acheter, passer, permettre, entrer, saluer, construire, créer, accepter
Noms propres : Union européenne, Italie, Espagne, Grèce, Allemagne, Europe, Chine, Renault, Volkswagen
Substantifs : école, famille, travail, emploi, pays, peuple, solidarité, effort, monde, droit, vie, état, charge, besoin, filière, entreprise, citoyen
Adjectifs : social, français
Pronoms : vous, nous, je
Adverbes : bien, ensemble, là, moins, aussi, non, plus

Ces listes sont complétées par les syntagmes associés. Outre *président sortant*, on trouve : *programme* (ou *promesse*) *dangereux, (n') être (pas) crédible, candidat de la division, dépenser milliards, milliards de dépenses (nouvelles), dépenses (non) financées*, etc. Les thèmes financiers dominent cet univers. La principale critique de F. Bayrou contre N. Sarkozy pourrait se résumer en deux mots : *déficit* et *division*. La seconde critique est de ne pas être *social* ni *français* (ce sont les deux adjectifs qui ne peuvent s'appliquer à N. Sarkozy dans l'esprit de F. Bayrou et de ses partisans).

Les phrases portant sur N. Sarkozy contiennent significativement peu de verbes (- 4% par rapport au reste de la communication de F. Bayrou), peu d'adverbes et surtout peu de pronoms (-30%). Autrement dit, le discours sur le président sortant est peu personnalisé. Sont particulièrement peu utilisées : les premières personnes du singulier et du pluriel (*je* et *nous*) ainsi que le *vous*.

En fait, ce sont surtout les présents et les futurs qui manquent car les verbes au passé abondent - + 51% par rapport au reste du corpus – ce qui correspond bien au thème *N. Sarkozy, homme du passé* et à la présence de "hier" comme adverbe le plus significativement associé à N. Sarkozy dans l'esprit de F. Bayrou et de ses soutiens.

A l'opposé, dans cet univers, il y a beaucoup de noms et surtout des adjectifs.

Pourquoi un aussi fort excédent ? Selon M. Cressot, "la caractérisation n'existe pas nécessairement dans le mot, mais dans une intention de l'esprit qui classe tel détail dans des catégories de valeurs morales" (Cressot 1963). L'adjectif a pour fonction d'indiquer cette intention de l'esprit en ajoutant une caractérisation au substantif (ou au pronom) dont il est l'épithète ou l'attribut. La plupart du temps, l'adjectif ajoute un jugement à la qualité. Telle est bien la fonction de la plupart des adjectifs associés à N. Sarkozy et spécialement le premier d'entre eux : *dangereux*. Cette fonction de jugement est particulièrement assurée par les adjectifs dérivés des participes présent et passé (+12% par rapport au reste du corpus). Par exemple, interrogé à propos de la commémoration de Jeanne d'Arc par N. Sarkozy (et de celle de F. Mitterrand par F. Hollande), F. Bayrou a répondu :

"Cette propension à fréquenter les mausolées et les cimetières *tournée* vers le passé, alors qu'il s'agit de tourner la France vers la vie" (France 5, 8 janvier 2012).

L'omission de l'auxiliaire dans la proposition principale transforme le verbe transitif en adjectif et donne pour acquis le jugement sous-entendu (N. Sarkozy et F. Hollande sont tournés vers le passé ; le locuteur lui est tourné vers l'avenir). Cette opposition entre le passé (l'adversaire) et l'avenir (le locuteur) est une vieille figure du discours politique français, symbolisée par la formule utilisée, lors du débat de mai 1974, par V. Giscard d'Estaing contre F. Mitterrand (*l'homme du passé*). Dans le chapitre précédent, on a vu que N. Sarkozy et F. Hollande se l'appliquaient mutuellement…

Tous les verbes pseudo-auxiliaires (ou "modalisateurs") sont antinomiques du président : *falloir, devoir, pouvoir, vouloir, savoir*. Ce qui revient à dire que l'élection de N. Sarkozy est impossible quel que soit le plan envisagé : l'obligation (*falloir, devoir*), le possible (*pouvoir*), le souhaitable ou la volonté (*vouloir*), la connaissance (*savoir*)… De même, les deux adverbes les plus antinomiques de N. Sarkozy sont *bien* (*il ne peut pas bien faire*) et *ensemble* (puisque c'est le *candidat de la division*)…

On verra dans le prochain chapitre que l'*école*, la *famille*, l'*emploi* et la *solidarité* ont été des thèmes privilégiés par F. Bayrou (c'était déjà le cas en 2007). Il est donc logique que ces vocables soient significativement sous-employés quand F. Bayrou parle de ses adversaires.

Enfin, le lecteur aura certainement remarqué les noms propres les plus significativement associés à la personne de N. Sarkozy dans les discours et les communiqués de F. Bayrou : *François Hollande, Angela Merkel, Marine Le Pen, Mélenchon*. Autrement dit, ces quatre personnes sont associées dans l'esprit de F. Bayrou et, quand il parle de l'une, les autres lui viennent à l'esprit. Naturellement, on s'attendrait plutôt à ce qu'elles s'excluent mutuellement (on parle de la gauche ou de la droite, etc.) Pourtant, quand F. Bayrou parle de N. Sarkozy, il parle aussi de F. Hollande et, secondairement de M. Le Pen ou de J.-L. Mélenchon... et, quand ce n'est pas le cas, le vocabulaire appliqué à l'un s'applique aussi aux autres.

Voici la phrase la plus caractéristique de l'univers de F. Hollande (dans le discours de F. Bayrou) :

> Et donc je vous propose quelque chose d'extrêmement simple : écarter au premier tour le candidat de la division et écarter au deuxième tour le candidat de l'illusion, écarter au premier tour *Nicolas Sarkozy* et écarter au deuxième tour *François Hollande*, faire en sorte que les Français se choisissent un destin différent et donner à la France la seule chance possible de trouver un avenir qui ressemble réellement à ce qu'elle attend, à ce dont elle a besoin et à ce dont je crois elle a profondément envie (Discours de meeting le 10 mars 2012).

Toutefois, dans cette phrase, deux mots appartiennent au vocabulaire antinomique de Sarkozy : *France* et *Français*. Mais on comprend les raisons de leur présence dans cette phrase : elle énonce les raisons pour lesquelles, dans l'esprit de F. Bayrou et de son équipe, N. Sarkozy et F. Hollande sont incompatibles avec *France* et *Français*.

Le lecteur aura certainement deviné que la phrase ci-dessus est aussi la plus caractéristique de celles que F. Bayrou et le Modem ont consacrées à N. Sarkozy. Son score (nombre de mots caractéristiques de l'univers) est de 20 pour les mots portant sur N. Sarkozy et de 25 pour ceux portant sur F. Hollande.

Cette phrase peut donc être considérée comme le meilleur résumé de toutes les phrases de F. Bayrou et de son équipe à propos de N. Sarkozy et de F. Hollande. On peut penser qu'elle révèle bien leur pensée... ou plutôt leurs espoirs qui se sont révélés irréalistes.

A. Merkel (chancelière allemande) est présente uniquement dans les phrases portant sur Sarkozy à cause du soutien public qu'elle lui avait apporté et qui, selon F. Bayrou, risquait d'en faire "le candidat officiel de l'Allemagne" (TF1, 7 février 2012).

Quant à la présence de M. Le Pen, dans les deux univers, aux côtés de J.-L. Mélenchon, elle est résumée par la phrase la plus caractéristique de l'intersection de ces 4 univers dans le discours de F. Bayrou et de ses soutiens :

> François Bayrou a estimé dimanche 1er avril sur BFM TV et RMC que *François Hollande* était "sous l'influence" de *Jean-Luc Mélenchon* et *Nicolas Sarkozy* sous celle de *Marine Le Pen*, renvoyant dos à dos les deux candidats (communiqué placé sur le site de F. Bayrou le 2 avril 2012).

Quels sont les autres mots caractéristiques ? Les pronoms personnels *ils* (et *elles*) puisqu'ils sont quatre à être associés dans l'esprit du candidat centriste, puis *il* (et *elle*, *se*).

La troisième personne diffère des deux premières (*je*, *nous*, *tu* et *vous*). Les deux premières désignent les participants à l'interlocution (celui qui parle, celui, ou ceux qui écoutent). La troisième désigne une ou des personnes absentes de l'interlocution ou les choses sur lesquelles porte le discours. De deux choses l'une : l'interlocuteur est capable de reconnaître la personne ou la chose désigné(es) par ce pronom de la troisième personne et il est inutile de le nommer plus précisément ; ou bien la (ou les) personne(s) a (ou ont) déjà été nommé(es) et le pronom épargne la peine de nommer à nouveau (anaphore). L'impersonnel ne fait que pousser au bout cet effacement du sujet (Benveniste 1966a). C'est sans doute pour cela que F. Bayrou emploie tant les troisièmes personnes du singulier et du pluriel quand il parle de N. Sarkozy et de F. Hollande.

La bande des quatre ?

Le même système se retrouve-t-il chez M. Le Pen et ses partisans ? Comment voient-ils N. Sarkozy ? Le tableau 2 ci-dessous présente le vocabulaire caractéristique qu'ils mobilisent (ou évitent) quand ils parlent de celui qu'ils ont choisi comme principal adversaire.

Tableau 2. Le vocabulaire caractéristique de N. Sarkozy dans la communication de M. Le Pen et du FN (classement par catégories grammaticales et indices décroissants)

1. Les vocables associés
Verbes : avoir, faire, tenter, sembler, oublier, trahir, promettre, souvenir, estimer, annoncer, jeter, montrer, poursuivre, engager, revenir, venir
Noms propres : Nicolas, Hollande, François, UOIF, Bayrou, Guéant, Mélenchon
Substantifs : candidat, mensonge, gouvernement, bilan, problème, islam, promesse, affaire, visite, référendum, camp, mandat, boomerang, preuve, crise, taxe, patrimoine, campagne, annonce, pacte, échec, nord, quinquennat, présidence, doute, argent, étranger, voix, ministre, histoire
Adjectifs : électoraliste, majeur, européiste, électoral, historique, radical, nouveau
Pronoms : il, se, sien, lui, ils, y, qui
Adverbes : alors, ne, complètement, hier, toujours, encore, pas
2. Les vocables antinomiques
Verbes : devoir, vivre, aller, être, vouloir, proposer, pouvoir, permettre, remettre, présenter,
Noms propres : Français, Le Pen, Marine, France, UMPS, PS
Substantifs : nation, travail, classe, enfant, service, défense, marché, état, peur, système, protectionnisme, société, culture, recherche
Adjectifs : français, public, social, national
Pronoms : je, vous, nous, on, ce
Adverbes : aujourd'hui, très, d'abord, souvent, pourquoi

M. Le Pen ne dit pas *le sortant* mais *le candidat Sarkozy*. Outre *candidat, mensonge, bilan* et *finance*, les substantifs les plus fortement associés sont : *islam, promesse, affaire(s), argent* et *étranger*. Trois adjectifs éclairent les "qualités" du président : *électoraliste, électoral, européiste*.

Si l'on retrouve bien chez F. Bayrou une association entre *Sarkozy* et *mensonge*, elle n'est pas la première contrairement au FN. Voici la phrase la plus caractéristique de cette association :

> "Nicolas Sarkozy a triomphé par le *mensonge*, il lui revient aujourd'hui en boomerang, et c'est du *mensonge* qu'il chutera." (M. Le Pen, 15 janvier 2012).

Les syntagmes les plus caractéristiques sont : *trahir, (oublier) promesse(s), engagement(s)*.

Les syntagmes les plus antinomiques de N. Sarkozy (et donc ceux qui caractérisent le mieux M. Le Pen) : *nation française, service public, défense nationale, culture française*...

Chez F. Bayrou comme chez M. Le Pen, *France* et *Français* sont les noms propres les plus antinomiques de N. Sarkozy tout comme de F. Hollande. Mais, là où F. Bayrou parle du *pays* qui rejette les deux "candidats officiels", M. Le Pen parle de la *nation* (mot le plus significativement antinomique de Sarkozy). Pour le reste, on retrouve à peu près les mêmes adjectifs antinomiques que chez F. Bayrou. Les deux qualités que ne méritent pas N. Sarkozy et F. Hollande, sont : *français* et *social*.

On retrouve également le même système pronominal. Les adversaires sont désignés par *il* et *ils*. Ils sont antinomiques de l'énonciateur (*je*) et surtout du collectif (*nous, vous*). Une seule différence notable dans ce système pronominal : le *on* que M. Le Pen utilise comme un *nous* familier et rarement dans la nuance faussement impersonnelle caractéristique de F. Bayrou (voir ci-dessous).

Comme chez F. Bayrou, les phrases de M. Le Pen portant sur N. Sarkozy présentent un excédent de substantifs et d'adjectifs, une faiblesse relative des verbes et des pronoms.

Voici la phrase la plus caractéristique de l'univers de N. Sarkozy dans les propos de M. Le Pen et de son parti :

> De plus en plus de jeunes se rendent désormais compte qu'ils ne peuvent décemment voter comme leurs parents ont voté ; que ni Nicolas Sarkozy, ni François Hollande, ni François Bayrou (respectivement à la tête des trois mouvements qui se sont partagés le pouvoir depuis quarante ans) ne peuvent faire demain ce qu'ils n'ont pas su, pas voulu, pas pu faire hier. (Communiqué du FN, 15 mars 2012)

On retrouve l'amalgame entre tous les adversaires qui, au fond, ne font qu'un. En effet, dans le tableau 2 les noms propres les plus fortement associés à *N. Sarkozy* sont *F. Hollande, F. Bayrou, C. Guéant* (le ministre de l'Intérieur) et *Mélenchon*. M. Le Pen semble avoir fait sienne la formule de son père contre la "bande des quatre" (PC-PS-UDF-RPR), tous ligués contre le FN.

Dans cet amalgame, plusieurs caractéristiques sont propres au discours d'extrême-droite. Outre la *nation* et l'assimilation de l'adversaire à l'*étranger*, l'insistance sur les *affaires* sont une dimension propre à M. Le Pen et à ses partisans. Voici la phrase la plus caractéristique de cet univers des *affaires* :

> Elle [la gauche] savait et elle n'a rien dit parce que ces fédérations[1] apportaient les plus gros bataillons au Parti socialiste, ils ont couvert ces agissements en se taisant ; aujourd'hui on apprend par le JDD [*Journal du Dimanche*] que monsieur Hollande a appelé monsieur Kusheida[2] pour lui exprimer tout son soutien. (M. Le Pen 12 décembre 2011)

Au-delà de ces différences, il n'en reste pas moins que M. Le Pen et F. Bayrou construisent leurs discours sur le même schéma qui établit une équivalence entre le président et son rival socialiste, les plaçant tout deux en extériorité par rapport à la *France*, à la communauté (*nationale* chez M. Le Pen, le *pays* chez F. Bayrou) et faisant du locuteur le seul vrai porte-parole des *Français* et du *nous* (les électeurs).

Naturellement F. Bayrou ne s'abaisse pas à former des mots valises, comme *UMPS*, ou des néologismes comme *européiste*. Mais la différence essentielle entre les deux réside probablement dans la densité : M. Le Pen passe plus de temps à critiquer les autres qu'à présenter ses idées et son programme. F. Bayrou fait l'inverse. Plus précisément, le temps passé à critiquer les adversaires est trois fois plus important chez M. Le Pen que chez F. Bayrou.

Pour autant, F. Bayrou a-t-il renoncé à critiquer les autres ? La réponse à cette question réside en partie dans un petit mot de deux lettres : *on*. En moyenne, F. Bayrou en utilise 50% de plus que les autres et même quatre fois plus que F. Hollande (qui évite soigneusement ce pronom).

On... mais pas moi

Ce pronom peut désigner à peu près n'importe qui. L'analyse de son univers lexical permet de déterminer précisément le sens que chaque locuteur lui donne. Chez M. Le Pen, il s'agit le plus souvent d'un simple "nous" familier. F. Bayrou l'utilise pour désigner d'autres – parmi lesquels l'orateur ne figure pas – et que l'auditoire

---

[1] Il s'agit des fédérations socialistes des Bouches du Rhône et du Pas-de-Calais mises en cause dans plusieurs affaires de corruption.
[2] Député-maire de Liévin (Pas-de-Calais) mis en cause dans une affaire d'abus de bien social.

reconnaîtra sans qu'il soit nécessaire de les nommer. Voici la phrase la plus caractéristique de ce pronom dans les discours et entretiens de F. Bayrou.

> Et alors, toutes les questions qui sont devant *nous* depuis des années, le cumul des mandats, spécialité française qui n'existe absolument nulle part ailleurs pour les députés en tout cas ; le fait que je pense indispensable que, désormais, à l'Assemblée nationale et au Sénat, pour voter, il faille être présent dans l'hémicycle et assumer soi-même la charge du vote que l'*on* va émettre ; le fait qu'*on* ne puisse plus, demain, confondre intérêt privé et intérêt public lorsqu'*on* a une charge dans la vie politique française gouvernementale ou parlementaire ; le fait qu'*on* soit obligé de déclarer à l'avance quand *on* va voter sur un texte tel ou tel intérêt qu'*on* aurait dans une entreprise qui va être concernée par le texte que l'*on* va voter, cette obligation qui a été présentée par la commission Sauvé et dont personne n'a tenu aucun compte qui est la règle au Parlement européen, il faut que *nous* l'imposions dans la vie publique française pour éviter le mélange des genres et le soupçon perpétuel sur la manière dont sont organisés un certain nombre de votes. (F. Bayrou, 16 avril 2012)

Cette phrase est ouverte et s'achève par un *nous* (les *Français*) et au milieu, six pronoms *on* désignent clairement les dirigeants du pays - de droite comme de gauche - qui, selon F. Bayrou, ont refusé toutes les mesures de *moralisation de la vie politique*. Cette phrase éclaire bien les raisons du suremploi du pronom *on* par F. Bayrou. Celui-ci a décidé de donner à sa campagne un tour peu polémique – notamment en citant le moins possible N. Sarkozy et F. Hollande – mais, pour autant, il ne renonce pas à les critiquer et se sert pour cela du pronom *on* que tout auditeur parlant le français peut interpréter…

Étant donné que cette phrase est aussi l'une des plus caractéristiques des propos tenus par F. Bayrou, au cours de la dernière quinzaine de campagne pour le premier tour, on peut la considérer comme une sorte de "testament" d'un candidat dont il était clair à cette époque qu'il ne figurerait pas au second tour, et peut-être aussi le regret de ne pas avoir donné plus d'importance à ce thème au cours de sa campagne ?

N. Sarkozy est l'autre candidat qui utilise beaucoup *on* (+26% par rapport à la moyenne des quatre principaux candidats lors de la campagne du 1er tour).

N. Sarkozy donnait à ce pronom un sens proche de celui de F. Bayrou comme l'illustrent ses phrases les plus caractéristiques de ce *on* chez le président.

On ne respecte pas les Français quand un jour on dit que l'*on* va supprimer le quotient familial, le lendemain, que l'*on* ne va surtout pas le supprimer mais le modifier et le surlendemain, qu'au fond *on* n'a pas changé d'avis.

On ne respecte pas les fonctionnaires quand *on* leur fait croire que l'*on* peut avoir plus de fonctionnaires mieux payés, quand, un jour, *on* leur dit que l'on va embaucher 60 000 fonctionnaires de plus et, le lendemain, qu'*on* les trouvera par redéploiement et, le surlendemain qu'au final après y avoir réfléchi, l'*on* va continuer à réduire le nombre de fonctionnaires.

On ne respecte pas les Français quand, un jour, *on* leur dit qu'*on* veut lutter contre l'immigration clandestine, que, le lendemain, *on* déclare qu'*on* va régulariser massivement les clandestins et le surlendemain qu'*on* les régularisera au cas par cas et, le jour suivant, qu'au fond après y avoir bien réfléchi, *on* ne changera pas les règles actuelles. (N. Sarkozy, discours de Lyon, samedi 17 mars 2012)

Ces trois phrases ont été prononcées dans le même discours de Lyon, long de 6 562 mots, soit une durée proche d'une heure. "On" est le pronom le plus utilisé (168 fois soit 25,1‰) largement devant *je* (67 fois, 10,2‰). Le substantif le plus utilisé dans ce discours, est *vérité* et le premier verbe (derrière *être* et *avoir*) est *dire*. Ce *on* est parfaitement reconnaissable : F. Hollande. Son nom est prononcé une seule fois et c'est probablement par inadvertance. Dès les premières phrases, tout l'auditoire a compris qui est ce *on* qui *ne dit pas la vérité aux Français* (contrairement à l'orateur). Le verbe *mentir* est d'ailleurs utilisé 6 fois dans ce seul discours, toujours contre F. Hollande…

Ce discours de Lyon n'est pas un accident ou un monstre. Il éclaire bien la stratégie de N. Sarkozy : consacrer l'essentiel de sa communication à dénoncer F. Hollande pour se valoriser par contraste. Cette stratégie a été arrêtée bien avant l'annonce de sa candidature et l'UMP l'appliquait depuis plusieurs mois. Le pronom *on* évite de trop prononcer le nom du rival.

Tout cela conduit à poser quelques questions plus générales : quelle est la place que le candidat se donne dans sa communication ? Quelle relation entretient-il avec les autres, spécialement ses rivaux, et avec les électeurs ?

Moi et les autres

Pour répondre à ces questions, il faut relever les différentes marques désignant le sujet – première personne du singulier (*je*) et du pluriel (*nous*) – les destinataires – *vous* – et les tiers, *on* ou *il(s)*. C'est-à-dire ce qu'on appelle, à la suite d'E. Benveniste, les indices de l'énonciation de la subjectivité dans le discours (Benveniste 1966 & 1970 ; Dubois 1969 ; Kerbrat-Orrechioni 1980).

Cette recherche appelle deux remarques.

Premièrement, il s'agit de relever toutes les marques désignant les personnes. Par exemple, la première personne du singulier (l'orateur) n'est pas seulement désignée par les pronoms *je, moi, moi-même, mien* mais aussi par l'adjectif possessif (*mon*). Par exemple, là où N. Sarkozy préfère : "je propose", M. Le Pen dit plutôt "mes propositions" parce que les choix stylistiques de l'un le portent plutôt vers le verbe, alors que la seconde est plus tournée vers le nom. Il faut donc relever toutes ces marques pour estimer le poids relatif que l'orateur se donne dans ses propres propos et celui qu'il accorde aux autres.

Deuxièmement, cette recherche porte uniquement sur les discours et entretiens des candidats puisque le propre des communiqués est d'effacer ces relations d'énonciation et d'utiliser essentiellement l'impersonnel. De ce fait, J.-L. Mélenchon ne peut être étudié puisqu'on ne dispose que de deux discours intégraux et de quelques extraits d'un troisième.

Le tableau 3 ci-dessous résume la densité des marques des personnes chez les quatre autres candidats. Ce relevé met en lumière des écarts importants entre eux. Pour rendre ces écarts visibles et interprétables, les pourcentages individuels sont rapportés à la moyenne des quatre et ces rapports sont portés sur le graphique 1 ci-dessous.

Tableau 3. Densité des marques de personne dans les discours et entretiens avant le 1er tour (pour mille mots)

	F. Bayrou	F. Hollande	M. Le Pen	N. Sarkozy
Première personne singulier (je)	19,1	17,8	15,0	21,5
Troisième personne singulier (il)	13,2	15,6	9,8	12,9
Première personne pluriel (nous)	16,4	12,9	15,5	14,4
Deuxième personne pluriel (vous)	7,1	4,6	3,7	8,9
Impersonnel (on)	10,4	2,7	5,8	8,7

Graphique 1. Les marques des personnes dans les discours et entretiens des quatre candidats pendant la campagne du 1er tour (rapports à la moyenne).

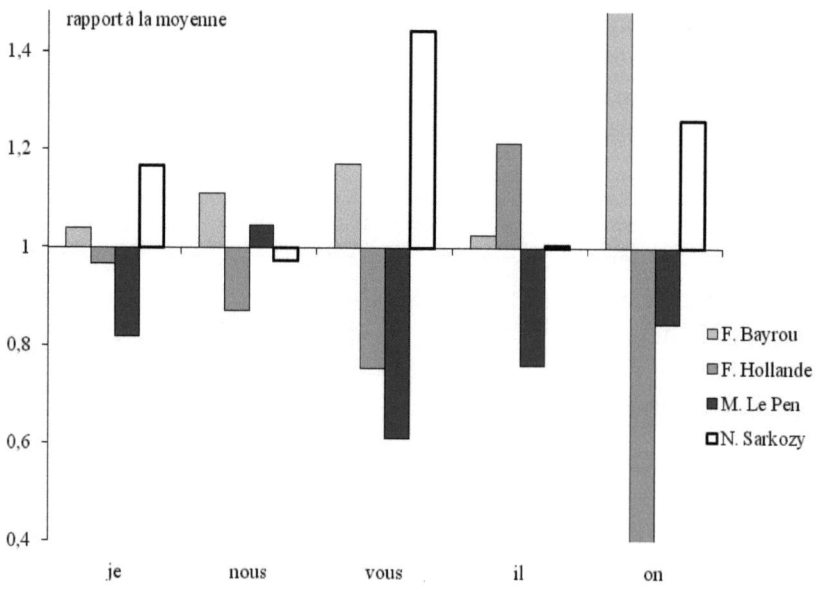

Par exemple, les marques désignant l'orateur représentent 19,1 pour 1000 mots dans les discours de F. Bayrou. La moyenne générale étant de 18,4 ‰, on en déduit que F. Bayrou ne s'écarte de cette moyenne que de + 4%, ce qui n'est pas significatif. C'est le premier petit carré gris clair sur le graphique. Le second carré indique que F. Hollande ne s'écarte pas non plus de la moyenne (- 3,2%) pour l'utilisation de la première personne. Ce n'est pas le cas de M. Le Pen qui l'utilise significativement peu (-18,2%) et de N. Sarkozy qui est dans la situation inverse (+ 16,7%). C'est-à-dire que là où les autres utilisent une centaine de marques de la première personne, N. Sarkozy en emploie en moyenne 116,7.

F. Bayrou s'écarte significativement des autres pour *nous* (+12% par rapport à la moyenne) et *on* (+51%), pour les raisons qui viennent d'être exposées. F. Hollande est celui qui désigne le plus l'adversaire par la troisième personne (*il* : +21%) et qui utilise le moins le *nous* et le *on* (-60,5%) ; enfin il répugne manifestement à interpeller ses auditoires (*vous* : -24%). N. Sarkozy est donc celui qui parle le plus de lui-même et qui interpelle le plus ses auditoires (avec le *vous* : + 45%) et, après F. Bayrou, il est celui qui utilise le plus "on" pour critiquer F. Hollande de manière apparemment "impersonnelle". Enfin M. Le Pen est celle qui personnalise le moins (elle est en dessous de la moyenne pour 4 catégories sur 5). Elle emploie beaucoup moins *je* et surtout *vous* (-60%). Par contraste, sa préférence pour le *nous* apparaît clairement.

En début de campagne, F. Hollande était celui qui disait le plus *je*. Il a continué à utiliser abondamment la première personne, mais F. Bayrou et N. Sarkozy ont nettement renforcé leur interpellation de l'auditoire – et au-delà celle des électeurs - probablement à cause des intentions de vote assez peu satisfaisantes.

Chez F. Bayrou la tension interpellatrice (*je-vous*) est moins forte que la tension inclusive (*nous*). Ce dernier pronom signifie - comme chez M. Le Pen - "nous les Français" autant que : "moi et vous qui m'écoutez". En revanche, N. Sarkozy a clairement choisi l'interpellation. Il a d'ailleurs terminé plusieurs de ses discours par la fameuse formule "aidez-moi" qu'utilisait le général de Gaulle pour dramatiser ses allocutions durant la guerre d'Algérie.

F. Hollande est celui qui est le plus réticent envers *nous* : il préfère la troisième personne (*il*) dont plus de la moitié des occurrences désignent l'adversaire (le *candidat sortant* que l'on se refuse à nommer) et dont les autres sont des impersonnels (*il faut*) qui ont l'avantage de poser ses projets – et le changement que l'orateur "porte", selon une expression plusieurs fois répétée - dans l'ordre de la nécessité voire du cours naturel des choses, tout en effaçant l'origine du changement et le complément d'agent de ce changement. Les deux phrases ci-dessous sont les plus caractéristiques de ce second emploi du pronom *il* chez F. Hollande :

> Et s'*il* n'y a pas de croissance, s'*il* n'y a pas de dynamique économique, s'*il* n'y a pas d'emploi en Europe, *il* n'y aura pas non plus de retour à la discipline budgétaire, de réduction des déficits et de maîtrise des dettes. (F. Hollande, 5 avril 2012).

> Sur l'immigration économique, *il* y aura un débat au Parlement pour savoir exactement dans quel secteur *il* y a des besoins, et s'*il* n'y a pas de besoin, *il* n'y aura pas de l'immigration économique dans ces secteurs-là. (F. Hollande, 29 février 2012).

Il s'agit d'un procédé constant chez F. Hollande : dès que sont évoqués les principaux problèmes de l'heure - réduction du déficit budgétaire, croissance économique, traité européen, immigration - le *je* laisse la place au *il* impersonnel…

Une fois déterminées ces différentes marques et le vocabulaire qui leur est associé chez chacun des quatre candidats, on demande à l'ordinateur de relire l'ensemble du corpus en comptant d'une part les phrases consacrées à la mise en valeur du candidat et de son programme et d'autre part celles qui critiquent le ou les adversaires, en laissant de côté les impersonnels.

Mise en valeur de soi et critique des autres

Ce recensement permet de calculer automatiquement les surfaces de textes consacrées à la présentation de soi, de ses idées et de son programme ou à la critique des autres. Cette critique peut viser explicitement un ou des rivaux (en les désignant par leur nom ou par des formules permettant à l'auditoire de les reconnaître comme le *candidat sortant* dont F. Hollande a affublé N. Sarkozy tout au long de la campagne).

Contrairement aux décomptes présentés dans la première partie de cet ouvrage qui ne portaient que sur les communiqués, le recensement se fait ici sur l'ensemble du corpus, notamment les discours des candidats qui représentent la plus grosse part de la communication. De plus, la prise en compte des synonymes permet de décompter les phrases où il est question de l'un ou de l'autre sans qu'il soit forcément nommé, voire de relever les phrases comportant des critiques en apparence impersonnelles.

Les résultats du calcul – pour la campagne du premier tour - sont présentés dans le tableau 4 ci-dessous.

Tableau 4. Proportion du nombre de mots consacrés à la mise en valeur de soi et de son programme, à la critique des autres et notamment à la critique explicite d'un rival (Campagne du premier tour, en % du nombre des mots classés)

	F. Bayrou	F. Hollande	M. Le Pen	N. Sarkozy	Moyenne
Mise en valeur	58	45	24	40	42
Critique	15	25	41	38	30
dont explicite	*4*	*19*	*20*	*20*	*16*

Ce tableau confirme les résultats de l'analyse de contenu des communiqués, présentée dans le chapitre 3, et apporte une double information.

D'une part, il éclaire les choix de chaque candidat, par exemple : F. Bayrou a consacré près de 60% de ses mots – donc de son temps - à mettre en valeur ses propositions et sa candidature et 15% à la critique de ses rivaux – qu'il n'a explicitement désignés que dans moins de 4% de ses propos. Autrement dit, il s'agit d'une critique dépersonnalisée (un exemple caractéristique de cette critique est donné plus haut, à propos du pronom "on").

Pour F. Hollande, ces proportions sont respectivement de 45% et 25% - mais la majorité de ces critiques sont explicites et visent toutes N. Sarkozy. Autrement dit, même si, le plus souvent, F. Hollande ne nomme pas N. Sarkozy, il s'agit d'une critique personnalisée.

D'autre part, chaque ligne du tableau permet de comparer l'importance donnée par chacun à une fonction particulière du discours. Par exemple : alors qu'en moyenne les quatre candidats ont consacré 42 % de leur temps à mettre en valeur leurs idées, leurs programmes et leurs candidatures, cette proportion est de 58 % chez F. Bayrou, de 45% chez F. Hollande, de 40% chez N. Sarkozy et de seulement de 24% chez M. Le Pen.

Deux candidats (F. Bayrou et, dans une moindre mesure, F. Hollande) ont fait le choix de valoriser leurs propositions, leur candidature et leur campagne électorale plus que de critiquer les autres. Ce choix est beaucoup plus net chez F. Bayrou que chez F. Hollande, d'autant plus que F. Hollande personnalise cinq fois plus le débat – contre N. Sarkozy - que ne le fait F. Bayrou.

Tous les deux ont laissé aux communiqués – spécialement ceux émanant de leurs partis (Modem et surtout PS) - le soin d'appuyer sur la critique. C'est pourquoi l'analyse de contenu – qui porte uniquement sur ces communiqués – indique un poids plus important de la critique.

Le discours de F. Bayrou se singularise par :

- une orientation vers ses propres propositions et sa candidature (+ 40% par rapport à la moyenne) ;

- moitié moins de critiques et des critiques rarement ciblées sur un concurrent (-75% par rapport à la moyenne). Plus frappant encore, à l'entrée en campagne de N. Sarkozy, F. Bayrou a encore accentué le côté positif de son discours et les critiques – explicitement dirigées contre N. Sarkozy et F. Hollande – sont devenues marginales ne reprenant qu'à la toute fin de la campagne, alors que les autres accentuaient au contraire le tour critique.

A l'opposé, M. Le Pen et N. Sarkozy – dans une moindre mesure – ont choisi de donner un poids relatif plus important à la critique qu'à la valorisation de leur candidature, de leur programme et de leur campagne. Toutefois, pour N. Sarkozy, ce résultat est une moyenne entre les communiqués émis par l'UMP – qui se concentrent sur la critique de F. Hollande – et les discours et entretiens du président dont la majorité relative est tout de même consacrée à mettre en valeur son bilan et son programme, même si tout son discours est construit sur un parallèle entre lui et F. Hollande.

C'est donc chez M. Le Pen que les attaques sont les plus nombreuses et les plus virulentes. Elles visent N. Sarkozy deux fois plus que F. Hollande. Cependant, la mise en valeur de ses positions et propositions - faible en début de campagne (15% de sa communication début janvier) - augmente quasi-linéairement au cours de la campagne et dépasse 30% à la fin. Malgré cette augmentation considérable, le discours de M. Le Pen a été dominé, jusqu'au bout, par le rejet de N. Sarkozy et du système pour lequel elle a même formé un sigle-valise (l'*UMPS*).

Conclusions

L'ennemi unique est une figure obligée de la communication politique. Dès lors, quand on a plusieurs adversaires, il n'y a que deux solutions.

La première solution est de concentrer ses coups sur l'adversaire que l'on juge le plus dangereux et de nier l'existence des autres. Durant toute la campagne du 1er tour, N. Sarkozy et F. Hollande se sont choisis mutuellement comme adversaires uniques et ont nié - ou considérablement minimisé - l'existence des autres concurrents. Leur refus commun d'un débat entre tous les candidats du 1er tour – débat qui avait été proposé par France 2 début avril - illustre parfaitement cette stratégie commune du tiers exclu.

Quand il est impossible d'ignorer la multiplicité des adversaires, ils seront amalgamés. Soit en les traitant apparemment de la même manière, comme l'a fait F. Bayrou. Soit en affirmant qu'il existe entre eux une unité fondamentale – voire une complicité – contre l'orateur qui serait la seule véritable opposition (comme l'a fait M. Le Pen). En tout état de cause, le tiers parti est exclu. F. Bayrou en était parfaitement conscient : il se présentait comme alternative à N. Sarkozy contre F. Hollande, pas l'inverse...

D'autres choix influent sur la communication des candidats.

Premièrement, l'orateur peut choisir de tendre plus ou moins son propos et sa relation au destinataire du message. Il peut interpeler ce destinataire (*je-vous*), ou l'inclure dans son propos (*nous*). N. Sarkozy a tenu les propos les plus personnalisés et les plus tendus, dominés par l'interpellation de l'auditoire, propres au discours de combat. F. Bayrou a tenu des propos un peu moins personnalisés mais surtout il a choisi l'inclusion (*nous*) propre au discours pédagogique. F. Hollande et surtout M. Le Pen ont choisi une relation moins tendue avec les destinataires de leur communication. Chez M. Le Pen, la tension inclusive domine (*nous* contre *eux*). F. Hollande a choisi une relation plus distanciée avec les destinataires du message. Son discours est essentiellement organisé autour de l'opposition : "moi ou lui".

Deuxièmement, l'orateur peut donner à ses propos un aspect plutôt orienté vers l'action et le concret ou vers l'abstraction (en donnant plus ou moins de poids aux verbes et aux substantifs et adjectifs) et il peut moduler cette dimension en fonction du sujet traité. Ainsi, les quatre principaux candidats ont tous choisi d'être plutôt concrets quand ils parlaient d'eux et de leurs projets et plus abstraits quand ils parlaient de leur(s) adversaire(s). F. Hollande s'est singularisé en utilisant beaucoup l'impersonnel qui lui a permis de peu s'engager à propos des principaux problèmes auxquels la France se trouve confrontée.

Chapitre 6
Une certaine idée de la France

Si tous les candidats utilisent à peu près les mêmes mots, ils ne leur donnent pas forcément le même sens. Ainsi, le substantif le plus utilisé est toujours "France". Mais quel sens chacun donne-t-il à ce mot ? Quelles idées les candidats se font-ils de la France ?

Pour répondre à ces questions, il faut déterminer la place occupée par ce mot dans les lexiques des auteurs considérés. Avec quels autres mots est-il combiné ? Mais aussi quels sont les mots avec lesquels il ne s'associe pas, c'est-à-dire qu'ils lui sont opposés (ou antinomiques) ? Comme on l'a vu à propos des portraits croisés des candidats, l'ensemble des relations d'association, de substitution et d'opposition forme l'univers lexical d'un mot (Hubert & Labbé 1995 ; Leselbaum & Labbé 2002 ; Labbé & Labbé 2005 ; Labbé 2010).

Un programme informatique met en œuvre les formules et les algorithmes présentés dans les articles cités ci-dessus. Pour retrouver l'univers lexical d'un mot, le programme isole les passages contenant ce pivot, il établit le vocabulaire contenu dans ces passages (ici, les vocables associés à *France*) et, en le comparant à l'ensemble du vocabulaire du locuteur, il établit les vocables qui sont significativement sur-employés – ils sont associés à *France* dans l'esprit du locuteur – ou significativement sous-employés (ils sont antinomiques : le locuteur n'y pense pas - ou trop peu – quand il parle de la France). Ces associations et oppositions forment l'univers du mot dans le lexique du locuteur.

Une fois établi l'univers de *France* chez les différents candidats, il devient possible de les comparer entre eux et de voir quels sont les plus proches – leurs discours offrent à l'électorat des visions proches du pays – ou, au contraire, les plus éloignées. De même la comparaison permet de dégager la singularité des uns par rapport aux autres et de mesurer l'importance relative attachée à ce thème. Le lecteur ne sera pas surpris : M. Le Pen est celle qui a consacré le plus de mots (donc de temps de communication) à la France. N. Sarkozy en a parlé presqu'autant puis viennent F. Hollande et enfin F. Bayrou.

Un exemple : la France chez M. Le Pen

L'algorithme procède en trois temps. Il établit la liste des vocables "trop" employés avec *France* (vocables associés) avec leurs combinaisons les plus fréquentes. Puis celle des vocables "pas assez" employés avec ce mot (vocables antinomiques). Enfin, il relit l'ensemble des textes à la recherche des phrases les plus caractéristiques de cet univers

Le vocabulaire associé à France chez M. Le Pen

Le tableau ci-dessous donne le vocabulaire associé au vocable France dans la communication de M. Le Pen et de son parti.

Tableau 1. Univers lexical de France chez M. Le Pen et le FN (Les vocables associés, classement par catégories grammaticales et indices décroissants).

Verbes : vivre, aimer, retrouver, défendre, réindustrialiser, devoir, descendre, pouvoir, arracher, connaître, diriger, nourrir, plonger, couper, parler, aider, rappeler, qualifier, suffire, écouter, souffrir, croire, proposer, oublier, rester, tuer, mettre, citer, viser
Noms propres : Arc (d'), Jeanne, Gaulle (de)
Substantifs : monde, histoire, terre, amour, souveraineté, grandeur, cause, puissance, nation, cœur, esprit, sommet, compatriote, âme, siècle, jeunesse, visage, paysage, fils, destin, nouveau, civilisation, talent, dépit, pied-noir, offense, soif, avenir, organisation, protection, valeur, racine, chemin, frontière, ré-industrialisation, élite, aventure, eau, mer, peuple, atout, drapeau, mondialisation, paysan, région, mort, siège, champ, musulman, année, projet, harki, crime, fonctionnaire, idée, armée, artisan, force, politique, bouclier, islam, jeu, démocratie, vérité, représentant, candidate, face, euro, vent, domaine, ami, condition
Adjectifs : grand, beau, glorieux, cher, fier, mondial, rural, conquérant, meilleur, malade, oublié, abandonné, contemporain, européen, fondamental, immense, entier, ancien, permanent, étranger, international
Pronoms : je, lui-même, ce, qui, lequel, le, que, un, mien
Adverbes : oui, partout, pourtant, debout, pleinement, ici, tout, déjà, pourquoi, désormais, ensemble
Déterminants : son, mon, votre, vingt-et-unième, cinquième, soixante, tout, vingt
Conjonctions et prépositions : en, et, voilà, ni, parce que, si, dans, après

---

Quelques éléments sont anecdotiques, comme le verbe *vivre* (M. Le Pen termine tous ses discours par *vive la France* !), les prépositions *en* (*en France*) et *dans* (*la place de la France dans le monde*) ou la conjonction *et* (*en France et en Allemagne*).

En négligeant ces liaisons évidentes, et somme toute assez banales, les mots les plus fortement associés à la France, dans le discours de M. Le Pen et du FN, sont : *histoire, terre, aimer, grand, beau* et le pronom *je* (y compris *moi, moi-même, mien*). Autrement dit, M. Le Pen s'engage fortement dans ses propos sur la France. Il s'agit d'un système : puisque M. Le Pen – et plus largement les frontistes - pensent spontanément "aimer" quand ils parlent de la France, on trouve aussi *amour* (de la France) et l'adjectif *cher*.

Aimer la France est la combinaison de mots la plus caractéristique de l'univers de la France chez M. Le Pen. Le locuteur et ses auditoires *aiment la France*. M. Le Pen a dit plusieurs fois qu'elle était inspirée par l'*amour de la France*. A l'inverse, les dirigeants actuels du pays n'aiment pas la France. Les autres combinaisons les plus répétées dans cet univers sont : *destin de la France, histoire de (la) France, 21e siècle*, etc.

Le locuteur s'identifie donc fortement à la France et il y inclut le destinataire : *votre, mon* (*mes chers compatriotes*)… mais pas les *Français*. Dans les discours de M. Le Pen, *Français(e,s)* couvre un autre champ sémantique (dont *électeur* est le meilleur synonyme).

Les discours de M. Le Pen présentent la France comme une personne (son *visage*, son *âme*, son *cœur*…). Elle y associe la *grandeur*, la *terre*, la *civilisation*, la *nation* et les verbes : *nourrir, parler, souffrir, mépriser*…

Le tableau apporte une confirmation - *Jeanne d'Arc* est l'emblème de la France - et une demi-surprise : la présence du *général de Gaulle* aux côtés de la Pucelle. Pendant longtemps, l'extrême-droite a rejeté de Gaulle à cause, notamment, de l'épuration (à la Libération) puis de l'indépendance de l'Algérie. Avec M. Le Pen, cette page est-elle tournée ? L'héritage gaulliste est-il revendiqué ? Voici deux des passages caractéristiques :

> Lorsqu'on aime son pays, on n'organise pas sa dilution culturelle, à l'inverse on fait tout pour protéger son identité nationale, comme l'on se bat constamment pour sa liberté et son indépendance. De Clovis au *général de Gaulle*, en passant par *Jeanne d'Arc* - bien sûr *Jeanne d'Arc* ! - tous les grands noms de notre histoire ont bâti la France, tous ont donné le meilleur pour participer à cette

aventure collective, tous sont sortis d'eux-mêmes pour accéder à une réalité qui les dépassait largement ! (Marine Le Pen, 12 décembre 2011).

Avec lui s'éteint le plus intransigeant des gaullistes : ni de droite ni de gauche, Pierre Lefranc était simplement fidèle aux principes permanents de la politique de la France, selon une tradition multiséculaire qui a pris au XXe siècle le visage du *Général de Gaulle* et à laquelle aujourd'hui, plus que jamais après cette bouleversante disparition, il nous incombe de donner de nouvelles métamorphoses. (Communiqué de Paul-Marie Couteaux, porte-parole de M. Le Pen, à l'occasion de la mort de P. Lefranc, 8 janvier 2012).

Le dernier exemple permet de se demander si cette présence du Général dans la communication frontiste n'est pas due principalement à la présence de P.-M. Couteaux dans l'équipe des rédacteurs de textes et de communiqués...

Enfin une remarque importante. Le chapitre précédent a expliqué comment il est possible de déterminer l'orientation des phrases : vise-t-elle plutôt à valoriser le locuteur, son programme et son équipe ou à critiquer la situation actuelle et les autres candidats ? Cette technique montre que M. Le Pen utilise *France* plutôt de manière valorisante (orientation plus positive que la moyenne) et le vocable *Français* surtout pour critiquer (*la situation des Français*), les autres candidats ou des entités hostiles plus ou moins clairement désignées (surtout l'*étranger*, l'*Europe* et la *mondialisation*).

Le vocabulaire antinomique de France chez M. Le Pen

Le sens d'un mot lui vient également de ses contraires : ceux qui ne sont pas ou très peu employés avec lui (tableau 2 ci-dessous).

Tableau 2. Vocables significativement sous-employés dans l'univers de France chez M. Le Pen et le FN (classement par catégories grammaticales et indices décroissants)

Noms propres : Hollande, UMP, François, Français, Sarkozy, Le Pen, Marine
Verbes : chercher, être, falloir, empêcher, constituer, demander, payer, prendre, faire, refuser, incarner, sembler, cesser, agir
Substantifs : argent, peur, droite, débat, gauche, système, fonction, homme, proposition, structure, société, prix, entreprise, action, logement, choix, exploitation, victime, éducation, qualité, subvention, objectif, soir, financement, décision, crédit, augmentation, république, loi, groupe, économie, monsieur

> **Adjectifs** : politique, public, populaire, véritable, vrai, seul, démocratique, jeune, social
> **Pronoms** : on, ils, lui, autre, celui-ci, rien, y, leur, en, chacun, nous
> **Adverbes** : très, mieux, bien, beaucoup, aussi, moins, pas, ainsi, au-delà
> **Déterminants** : trois, un, leur, deux, ce, sept, quelque, un, dix,
> **Conjonctions et prépositions** : donc, mais, que, par, sur, ou, entre, parmi, contre, avec, jusque

Chez M. Le Pen, les deux vocables les plus significativement sous-employés avec *France* (donc antinomiques avec le pays) sont... l'*argent* et l'adjectif *politique* ! En se reportant à l'univers lexical du substantif *argent* on constate qu'il est associé à *banque, budget, déficit, financier*, au verbe *payer* mais aussi à *affaire(s)*, etc. Quant à l'adjectif *politique*, il est associé à *droite, gauche* et *débat*. Il s'agit de tout ce qui *divise la France* mais aussi de tout ce qu'elle transcende dans l'esprit de M. Le Pen et de son équipe.

La présence de *M. Le Pen* dans cette liste des vocables antinomiques s'explique par le fait que la candidate dit *je* dans ses discours – les marques de la première personne sont fortement associées à *France* - et qu'elle est citée par son nom seulement dans les communiqués du FN où il est moins question de la *France*.

Les phrases caractéristiques de France chez M. Le Pen

Pour donner de la chair à ces listes, l'algorithme recherche des citations illustratives. Ces phrases sont celles qui contiennent le plus de vocables significativement sur-employés (S+) et le moins de vocables sous-employés (S-) dans l'univers considéré. Voici les trois phrases les plus caractéristiques de la conception de la France dans le discours de M. Le Pen et de son parti.

> La terre de France, ses produits et ses savoirs : cet extraordinaire héritage, nous en sommes fiers, mes chers compatriotes, nous en sommes fiers et nous entendons bien continuer à pétrir sa vieille pâte, le travailler et le faire fructifier en dépit des stigmatisations de ceux qui parlent avec dédain de nos campagnes, le mépris des petits sires qui ne savent tout simplement pas l'infinie valeur de ce patrimoine ; cet héritage, nous le défendrons en dépit des injonctions haineuses des petits modernistes du quartier latin (tel Bernard-Henri Lévy stigmatisant dans un livre immonde "l'idéologie de la France ", "cet indécrottable (je cite), cet indécrottable peuple français attaché à ses lopins de boue" sic !) ; nous le défendrons en dépit des intellos de pacotille qui daubent sur les paysans, en dépit des connivences mondialistes liguées de l'OMC et de la prétendue "Union européenne", en dépit de la grande ligue des technocrates qui désertifient le

territoire, condamnent nos terres à la jachère, généralisent le Round-Up comme autant de napalm, finalement épuisent d'efforts les derniers paysans, les artisans, les ruraux - privant de vie les plus belles terres du monde. (M. Le Pen, 26 février 2012).

Les oubliés pour qui je me bats, ce sont les petits salariés, les commerçants, les artisans, les employés, les ouvriers, les classes moyennes, les dédaignés de la ruralité, les retraités, les jeunes ou les seniors sans emploi, c'est cette France qu'on a dédaigneusement qualifiée de " France d'en bas ", parfois de " France moisie ", la dignité que je veux leur offrir à nouveau, c'est celle du citoyen, éclairé, participant pleinement aux affaires de la nation, c'est celle de l'individu libre et affranchi de toutes les manipulations du monde contemporain, celle de cette France autrefois glorieuse et indépendante, aujourd'hui asservie par les puissances financières. (M. Le Pen, 22 janvier 2012).

Le discours du 26 février – à Châteauroux - se conclut par une série de phrases que le logiciel a également isolées comme étant parmi les plus caractéristiques de la communication de M. Le Pen :

Voilà pourquoi, mes chers compatriotes, je n'ai pas peur de parler de la ruralité et même, tant pis si l'on m'accuse d'essentialisme, de mettre la nature française au cœur de l'avenir de la France : je le fais non pas seulement pour nos campagnes, nos provinces et ceux qui y vivent, et que le petit monde politico-médiatique oublie et méprise; je le fais non pas seulement parce que je ne veux pas voir le visage de la France réduit à une sorte de terrain vague allant du Rhin à l'Atlantique; je le fais aussi parce qu'ils sont, parce que vous êtes le cœur de la France, sa nourriture, sa substance, parce que vous êtes son tabernacle, sa sève et sa vie.
Alors, debout la France oubliée, la France méprisée, la France abandonnée !
Debout Châteauroux et ses champs bien peignés, Saint-Amand Montron et ses clochers dorés au crépuscule !
Debout Issoudun, Argenton, Bourges et Mazières-en-Gâtines tapis dans les brumes de la Brenne !
Debout Guéret et ses vallons, debout Montluçon, et Dun le Palestel !
Debout Segré et l'ardoise angevine !
Debout Vierzon, Romorantin et Fongombault - et debout Clermont-Ferrand, Compiègne, Nice, Lourdes et Reims, debout terres de France !
Vos splendeurs, vos paysages et vos rivages, vous êtes le visage de la France de toujours, c'est-à-dire, le visage de l'avenir !
Vive la République !
Vive la France ! La si belle France !

Ce sont des thèmes traditionnels de la droite nationaliste française. Mais de fait, les autres forces politiques ont semblé abandonner à l'extrême-droite certaines valeurs traditionnelles comme l'amour de la France, l'identité et la fierté nationales.

La France chez les autres candidats

Ces mêmes calculs sont possibles pour les trois autres candidats qui ont produit un nombre suffisant de textes (F. Bayrou, F. Hollande, N. Sarkozy). Le tableau qui s'en dégage est bien différent de celui que nous venons de présenter.

La France chez F. Bayrou

Chez Bayrou, les syntagmes les plus caractéristiques sont : *produire, fabriquer, acheter en France*. Il s'agit du slogan que F. Bayrou et ses partisans ont répété inlassablement au long de la campagne. Les autres syntagmes caractéristiques sont : *grand pays, France solidaire, redressement* et *destin de la France* ainsi que le pronom *nous*.

Les mots les plus éloignés de France sont : *je, vous, on,* puis tous les hommes politiques (y compris F. Bayrou) et les *Français*. *Nous* est le seul pronom personnel associé à la France dans l'esprit de F. Bayrou. Il ne faut pas interpréter cette première personne du pluriel comme la simple addition de l'orateur (*je*) et de ceux auxquels il s'adresse (*vous*). Chez F. Bayrou, elle est l'expression d'une communauté partageant notamment une *culture*, une *langue* et un *destin*. En revanche, on ne trouve pas des mots comme "histoire" ou "nation" dans l'univers de *France* chez F. Bayrou.

Les mots sous-employés dessinent en creux tout ce qui n'est pas la France dans son esprit. Outre *je, vous* et *on*, on trouve dans ces mots "oubliés", tout le vocabulaire électoral et politique (*vote, présidentielle, suffrage, gauche, droite, citoyen…*)

F. Bayrou partage donc au moins une formule avec M. Le Pen : "La France n'est ni de droite ni de gauche". Il est vrai que cette formule n'est pas d'eux mais du général de Gaulle !

On trouve également dans ces mots contraires à la France, la plupart des autres thèmes de la campagne de F. Bayrou que nous examinons plus loin. Autrement dit, il existe dans l'esprit de ce candidat, une dichotomie entre la France, son économie et ses finances – qui sont de l'ordre du long terme - et le conjoncturel (l'élection, la politique et les politiques).

Voici les deux phrases les plus caractéristiques de l'idée de la France chez F. Bayrou, puis la phrase courte la plus représentative.

> Cette année, pour ce qui est de la compréhension de l'écrit, de la lecture et de l'écriture, nous avons été classés 24ème sur 35, pour le calcul, 25ème sur 35 pour les inégalités scolaires, 34ème sur 35, la France, qui a été pendant des siècles le pays dont le monde entier se réclamait pour l'éducation, la France où le monde entier venait étudier à la Sorbonne, la Sorbonne, c'était l'université des universités en Europe au moyen-âge, la France qui a fait l'enseignement public, laïque, obligatoire et gratuit. (6 avril 2012)

> Plus j'ai avancé dans cette réflexion, plus j'ai regardé les raisons qui depuis des années ont fait que la France peu à peu a descendu la pente, et que ses emplois peu à peu se sont raréfiés et ses ressources peu à peu sont devenues plus faibles, plus je mesure que nous avons manqué dans notre pays de quelque chose qui est essentiel, qui est une stratégie pour la nation tout entière pour faire travailler les entreprises et les pouvoirs publics ensemble pour se défendre dans tous les secteurs de production. (François Bayrou, discours du 5 avril 2012)

> Eh bien la France, depuis sept ans voit son commerce extérieur qui s'effondre, la France depuis sept ans atteint des records inimaginables. (27 mars 2012)

A cette vision d'une communauté essentiellement économique, financière et solidaire, s'oppose la vision très politique de F. Hollande et de N. Sarkozy.

La France chez F. Hollande

F. Hollande partage apparemment certaines formules avec F. Bayrou comme : *grand* et *beau pays* ou la *France et l'Allemagne*. Au-delà de ces formules convenues, les conceptions des deux hommes apparaissent assez éloignées. Quand F. Hollande dit *France*, il pense "nous, les Français", *ensemble*, *République*, *élection* (et *Mitterrand*). Il *veut présider, redresser, changer la France*. Il apporte à la *France*, et à *vous les Français, espérance, fraternité* et *confiance* (dans la *France*)... On notera aussi que F. Hollande est le seul à associer à *France* un vocabulaire militaire et évoque notamment la *dissuasion nucléaire*.

Étant donnée la conception très politique de la France chez F. Hollande, il est logique que les mots les plus antinomiques de France soient : *N. Sarkozy* et *bilan du quinquennat*, du *sortant* (également : *parlement, gouvernement, ministre*).

Voici la phrase la plus caractéristique de cet univers, celle qui synthétise le mieux cette conception où la *France* et les *Français* sont étroitement associés grâce au *je* introductif :

> Je veux redonner confiance aux *Français* dans leur vie : la *France* a traversé dans son histoire bien des épreuves, bien des crises, des guerres, des révolutions, elle les a toujours surmontées, toujours en refusant l'abaissement, la résignation, le repli, jamais en succombant au conformisme, à la peur, à la loi du plus fort, mais en restant fidèle aux valeurs de la république, en allant puiser en elle-même le courage pour accomplir les efforts, pour défendre son modèle social, pour garder sa fierté en redressant la tête, en regardant lucidement le défi à affronter, en débattant librement et en faisant les choix qui s'imposent. (F. Hollande, discours du Bourget, 22 janvier 2012)

> La victoire de la gauche, la victoire de la république et la victoire de la *France*, qui doit elle-même se sentir, avec *nous*, en confiance pour son destin ! (F. Hollande, discours du 28 mars 2012)

La France chez N. Sarkozy

Quant au tableau de la France chez le président sortant et ses partisans, il ne surprendra sans doute pas ceux qui les ont lus (ou écoutés) avec attention : les quatre vocables les plus fortement associés à *France* sont : *moi, Nicolas, Sarkozy* et *Français*. Rien de neuf : l'identification de la France à son chef est une tradition ancienne, reprise par tous les présidents de la Ve République.

Cette association structure les discours de N. Sarkozy, mais elle est aussi omniprésente dans les communiqués du candidat et de ses partisans, comme le montre la phrase la plus significative parmi ces communiqués :

> Pour parler de la *France* de demain, Nicolas Sarkozy est revenu sur son action à la tête du pays ces cinq dernières années : "pendant les 5 dernières années, je n'ai eu qu'une seule préoccupation : protéger la *France* de 4 années de crises parmi les plus violentes que le monde ait jamais connues depuis un siècle : crise financière, crise de la dette, crise de la dette privée et publique, crise économique, crise de l'euro, crise de l'Europe". (Communiqué mis en ligne sur le site internet du candidat Sarkozy le 15 mars 2012)

Outre *protéger la France*, les formules les plus significatives de N. Sarkozy sont : *une France forte dans le monde, une France fière, grande, belle, unie, la France et l'Allemagne*, etc.

La liste des vocables antonymiques révèle ce qui n'est pas la France, dans l'esprit du président : l'*UMP*, le *PS*, *Hollande*, *Valls* mais aussi *Fillon*, le *gouvernement* et le *parlement*. Autrement dit, tous les principaux acteurs politiques apparaissent significativement peu (ou pas du tout) quand l'orateur parle de la France. Ce qui est logique : dans le système de la Ve République, le président utilise le mot *France* principalement pour la politique internationale. Le président conduit cette politique, il est même la "voix de la France" sur la scène internationale (selon une formule de G. Pompidou, reprise par tous ses successeurs). C'est aussi la raison pour laquelle les principaux pronoms personnels se trouvent tous dans ces associations négatives (*il, je, nous, on*). L'univers de la France est dépersonnalisé.

Surfaces et proximités lexicales

Une fois établi l'univers d'un mot chez tous les candidats, le programme relit à nouveau tous les textes, en recherchant les phrases qui appartiennent à cet univers. En cumulant la longueur (en mots) de toutes ces phrases, on obtient la surface de texte consacrée au thème en question. La surface des phrases pluri-thématiques – très nombreuses dans le cas de la France - est divisée entre les différents univers présents. Cette surface sera considérée comme un indice de l'importance plus ou moins grande attachée à ce thème par les différents orateurs. Enfin, le programme compare les univers pour déterminer d'éventuelles proximités entre les candidats.

L'analyse recherche non pas les occurrences plus ou moins occasionnelles du mot-clef, mais la présence, dans la phrase de l'univers de pensée correspondant à ce thème dans le vocabulaire de l'auteur considéré. De telle sorte que le logiciel peut écarter certaines phrases contenant le mot-clef mais pas l'univers correspondant à celui-ci. Par exemple, il écartera une phrase sur "le chômage en France" où l'on parle du chômage mais où il n'est question que de ce thème et où aucun autre mot n'appartient à l'univers de France tel que l'on vient de le décrire. A l'inverse, l'algorithme peut rattacher au thème de la France une phrase qui ne contient pas le mot *France* mais qui en parle manifestement, du fait de la présence, dans cette phrase, d'une proportion anormalement élevée de vocables associés – pour M.

Le Pen : *histoire, terre, grandeur, nation, souveraineté, indépendance*, etc. – et d'un nombre anormalement faible de vocables antinomiques.

Sans surprise, M. Le Pen est celle qui a consacré la place la plus importante à la France dans son discours. Sur l'ensemble de la campagne du premier tour, M. Le Pen et le FN ont consacré 11,1 % de leur communication à la France, ce qui signifie que plus de 1 mot sur 10 est utilisé pour parler de la France. A quelques décimales près, cette proportion est identique chez N. Sarkozy et l'UMP. A l'inverse, F. Hollande et F. Bayrou lui ont donné beaucoup moins d'importance : respectivement 6,9% et 6,2 %. Non seulement le contenu attaché à ce thème était différent – comme on l'a vu ci-dessus – mais, de plus, l'importance qui lui était accordée différait nettement. Les deux premiers l'avaient placée au centre de leur communication ; pas les deux autres. L'explication principale réside dans les contenus déjà présentés.

Ce constat amène une autre question : les quatre visions de la France qui viennent d'être présentées sont-elles proches ? Pour répondre, un indice de similarité est calculé en comparant deux à deux les portions de textes consacrés à ce thème, ce qui donne six indices[1].

Le plus décentré est F. Bayrou. La distance la plus grande le sépare de M. Le Pen, puis de N. Sarkozy et enfin F. Hollande. Deux caractéristiques expliquent principalement cette singularité. F. Bayrou a donné la primauté au vocabulaire économique et social et il a peu mis l'accent sur le territoire, les frontières ou l'identité nationale, motifs très présents notamment chez M. Le Pen ou chez N. Sarkozy à partir de mi-mars.

Sur l'ensemble de la campagne du premier tour, les plus proches sont F. Hollande (et le PS) et N. Sarkozy (et l'UMP) puis N. Sarkozy et M. Le Pen. Mais, en ne considérant que la dernière période - du rassemblement de Villepinte (12 mars) au premier tour - N. Sarkozy est plus proche de M. Le Pen que de F. Hollande.

---

[1] Bayrou-Hollande ; Bayrou-Le Pen ; Bayrou-Sarkozy ; Hollande-Le Pen ; Hollande-Sarkozy et Le Pen-Sarkozy. Sur ces calculs, voir : Labbé & Labbé 2001 ; Labbé & Labbé 2004 ; Labbé & Labbé 2011.

Il s'agit d'un thème. Comment passe-t-on de l'univers lexical d'un mot au thème associé à ce mot ?

Des univers aux thèmes

Le recensement automatique des thèmes dans un texte ou un corpus (analyse thématique automatique) est présenté dans Labbé & Labbé 2012. Après avoir résumé cette méthode, un premier inventaire sera présenté.

Méthode

L'analyse thématique par ordinateur procède de la manière suivante. Tout d'abord, en considérant l'ensemble des textes émis par un candidat et ses partisans, elle établit les principaux univers lexicaux présents dans ce corpus, comme on vient de le faire pour la France. Elle s'interrompt quand l'ajout d'un univers supplémentaire n'apporte pas d'information nouvelle par rapport à tous ceux qui ont déjà été constitués.

Puis, les principaux univers constitués, le programme procède à une classification[1]. Il recherche les univers qui partagent le plus grand nombre de vocables associés et antinomiques et qui sont donc susceptibles d'appartenir à un seul thème. A l'opposé, les univers qui sont les plus éloignés sont disjoints et appartiendront à des thèmes différents. La classification s'interrompt quand le thème constitué recouvre moins de 0,5% de la communication de l'orateur sur l'ensemble de la campagne et qu'il n'a jamais dépassé 1% durant au moins une quinzaine.

Enfin, le programme recherche si la phrase contenant un thème est utilisée pour mettre en valeur l'orateur, pour critiquer les autres, ou bien si elle est "neutre".

La méthode appelle quelques remarques.

Premièrement, comme pour les univers, l'analyse thématique recherche non pas les occurrences plus ou moins occasionnelles d'un mot-clef, mais la présence, dans une ou plusieurs phrases, de l'univers

---

[1] Roux 1985 & 1994 ; Labbé & Labbé 2011 & 2012 (pour la détermination des thèmes).

de pensée correspondant à un thème propre à l'auteur. Par exemple, dans la phrase suivante : "Comment donner du crédit à un homme dont l'inconstance donne le tournis?" (UMP, 15 mars 2012), l'automate identifie une attaque contre F. Hollande bien que ce nom ne figure pas dans la phrase parce que l'univers lexical de *Hollande*, dans la communication de N. Sarkozy et de l'UMP, comporte parmi les mots significativement sur-employés : *comment, inconstance, tournis*... Ce sont des mots associés à F. Hollande dans l'esprit des rédacteurs de l'UMP, avec d'autres mots comme *démagogie* ou *incompétence*... Certes, cet univers est particulièrement fourni : F. Hollande est de loin le premier thème de communication de N. Sarkozy et de l'UMP. En revanche, les thèmes rares sont parfois difficiles à détecter parce que, du fait des faibles fréquences, leurs univers n'auront été que partiellement reconstitués. De telle sorte qu'il n'est jamais possible de classer toutes les phrases d'un texte.

Deuxièmement, l'occurrence d'un mot-clef ne signifie pas que le thème est présent. Ainsi le mot "sécurité" est associé, dans le vocabulaire de M. Le Pen, à *insécurité* et à *délinquance* mais, dans le vocabulaire de F. Bayrou, il s'agit d'abord de *sécurité sociale*. On trouve aussi chez F. Hollande une demi-douzaine de *Conseil de sécurité* (de l'ONU, à propos de la Syrie), la *sécurité alimentaire* ou, chez N. Sarkozy, la *sécurité routière*... Naturellement, ces acceptions de la *sécurité* ne doivent pas être confondues avec l'ordre public. De même, le vocable *finance* peut renvoyer aux opérateurs sur les marchés financiers (la *finance* que F. Hollande dit condamner) ou aux *finances publiques* (dont le *rétablissement* est un thème favori de F. Bayrou).

De plus, les mêmes mots-clefs sont employés par tous mais avec une valorisation qui peut être positive – mettre en valeur celui qui parle - ou négative (critiquer les adversaires). Par exemple, l'Europe est valorisée positivement chez F. Bayrou et très négativement chez M. Le Pen. Parfois le signe change en cours de campagne. Ainsi chez N. Sarkozy, l'Europe est fortement valorisée jusqu'au début mars. En janvier, l'UMP met l'accent sur le rôle de "sauveur de l'Europe" de N. Sarkozy. Puis à partir de Villepinte, le signe est nettement négatif : *ouverture des frontières, concurrence déloyale, immigration clandestine*, etc.

La classification s'interrompt quand le thème couvre moins de 0.5 % du corpus étudié. De ce fait, de 10 à 25 % des phrases ne sont pas classables dans au moins un thème de la nomenclature. Pour les récupérer, il faudrait augmenter considérablement le nombre des thèmes – avec des effectifs très faibles – ou rendre les thèmes plus hétérogènes.

En l'état actuel de la technique, il est impossible de relever systématiquement l'absence ou la (très) faible présence d'un thème quand celui-ci est traité par les autres (par exemple, l'*insécurité*, l'*armée* ou le *nucléaire*, très faibles chez F. Bayrou alors que certains de ces thèmes sont présents chez F. Hollande ou N. Sarkozy et que les deux premiers sont privilégiés par M. Le Pen...).

Enfin, comme pour les univers lexicaux, ces opérations nécessitent des volumes importants de textes. C'est pourquoi, il n'est pas possible d'établir la liste des thèmes de J.-L. Mélenchon et du FG.

Premier inventaire

La méthode présente l'intérêt évident de diminuer considérablement les dimensions du phénomène à observer et de révéler des stratégies assez différentes (tableau 3).

Tableau 3. Nombre de mots et de vocables utilisés par chaque candidat, nombre d'univers lexicaux et de thèmes abordés.

	Mots	Vocables	Univers	Thèmes*
F. Bayrou	376 353	9 527	142	37
F. Hollande	620 748	11 615	136	33
M. Le Pen	137 694	8 672	122	24
N. Sarkozy	593 558	11 026	112	23

* couvrant au moins 0,5% de la communication sur l'ensemble de la campagne

Au total, sur les deux tours, N. Sarkozy et son équipe ont émis près de 600 000 mots comportant 11 000 vocables différents mais ces mots peuvent être regroupés en 112 univers lexicaux et 23 thèmes seulement. C'était un choix conscient du président : se limiter à un petit nombre de thèmes déclinés selon les circonstances. F. Bayrou et son équipe ont fait le choix opposé : ils ont abordé un tiers de thèmes en plus alors que le volume de la communication émis n'atteint que 63% de celle de N. Sarkozy. F. Hollande et le PS se situent à mi-chemin entre ces deux choix opposés. Quant à M. Le Pen et le FN, s'ils apparaissent presqu'aussi sobres que N. Sarkozy et l'UMP, il faut noter qu'ils ont émis beaucoup moins de messages et que l'on ne peut imaginer ce qu'aurait été le résultat du calcul à volume égal.

Autrement dit, la communication politique oscille toujours entre deux stratégies opposées : diversité et (relative) exhaustivité d'un côté, au risque de brouiller le message (ce qui est probablement arrivé à F. Bayrou) ; répétition et simplicité de l'autre, au risque de lasser certains destinataires – quand ils se rendent compte qu'ils entendent des choses déjà dites (ce qui a été certainement le cas pour N. Sarkozy) - et de laisser croire à d'autres qu'on néglige leurs problèmes.

Le résultat est, pour chacun des quatre candidats, une liste de thèmes comportant, pour chacun, les vocabulaires associés et antinomiques. La liste des thèmes est donnée en annexe à cet ouvrage.

Ces thèmes peuvent être divisés en deux groupes principaux. Les thèmes transversaux, comme *France*, sont présents chez tous les candidats, avec des sens qui peuvent être plus ou moins éloignés. Les thèmes spécifiques sont propres à chaque candidat. Nous leur donnerons quelquefois le même nom pour indiquer leur parenté mais la comparaison entre les quatre candidats est plus difficile, contrairement aux thèmes transversaux.

Les principaux thèmes transversaux de la campagne du premier tour

Outre la *France* et la *campagne électorale*, les principaux thèmes transversaux traités par les candidats sont : les *Français*, le *pays*, le *peuple* et l'*Europe*. Chacun lui donne des sens différents mais la comparaison peut porter sur les densités (afin de déterminer l'importance que chacun donne à ces thèmes). Le tableau 4 ci-dessous indique le poids donné à chacun de ces thèmes durant la campagne du premier tour.

Tableau 4. Surface de texte consacrée à chacun des cinq principaux thèmes transversaux (en % du total des mots).

	F. Bayrou (& Modem)	F. Hollande (& PS)	M. Le Pen (& FN)	N. Sarkozy (& UMP)
France	6,2	6,9	11,1	11,1
Français	4.6	4,8	7,5	7,5
Pays	4,2	3,7	4,6	4,6
Peuple	1.9	1,3	4,4	4,4
Europe	3.9	4,2	6,1	5,7

    M. Le Pen et N. Sarkozy semblent avoir fait des choix extrêmement proches, en privilégiant ces cinq thèmes et en leur donnant une importance comparable. F. Bayrou et F. Hollande ont fait le choix opposé, mais avec quelques différences.

    Le graphique 1 ci-dessous permet de visualiser ces choix.

Graphique 1. Les cinq principaux thèmes transversaux chez les quatre candidats (rapport à la moyenne).

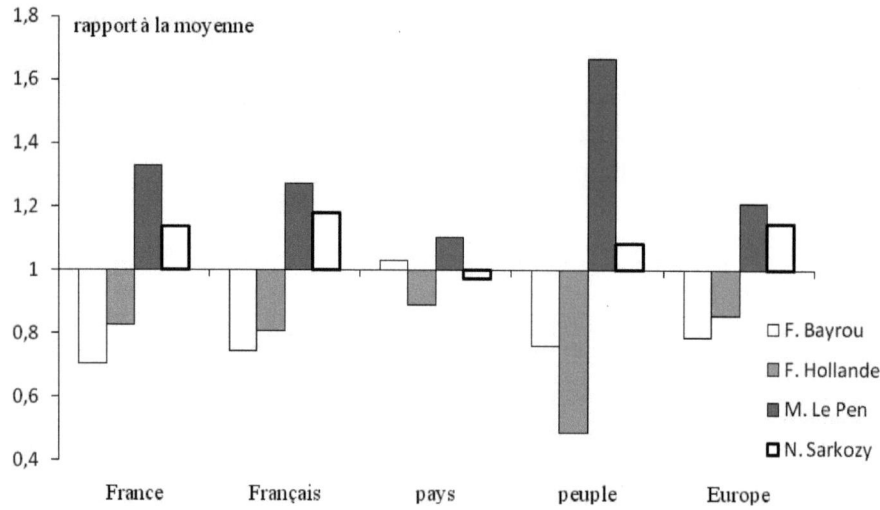

    Ce graphique est construit selon le procédé présenté dans le chapitre précédent. Les densités moyennes sont figurées par l'axe horizontal. Pour chaque thème, le rapport à cette moyenne est représenté par la longueur de la barre de l'histogramme. Toute barre supérieure à l'axe horizontal signale que l'orateur concerné donne plus de poids à ce thème que les autres et inversement.

Ces cinq thèmes sont clairement privilégiés par M. Le Pen et par N. Sarkozy, alors que F. Bayrou et F. Hollande sont plus circonspects, sauf à propos du *pays* où les écarts sont très faibles. Le thème du "peuple" déclenche les différences les plus sensibles. N. Sarkozy et M. Le Pen l'évoquent sans réticence, alors que F. Bayrou et, surtout, F. Hollande l'évitent. M. Le Pen apparaît comme la championne du *peuple*. Les deux phrases les plus caractéristiques de ce thème permettent de comprendre le contenu qu'elle donne à ce mot :

> La voix du *peuple*, l'esprit de la France, voilà mon crédo : - entendre et défendre la volonté du *peuple*, le mettre au centre de toute politique - faire à nouveau briller l'esprit de la France en redéployant chez nous et dans le monde, les valeurs essentielles qui font de nous ce que nous sommes. (M. Le Pen, 19 novembre 2011)

> On peut aussi regarder les choses en face et se résoudre à la vérité : en connaissance de cause, sachant dès avant son accession à la magistrature suprême qu'il allait poignarder le *peuple* français dans le dos, il n'a pas mis en pratique la rupture qu'il proposait, mais il a aggravé la compromission d'un pouvoir politique aux ordres des puissants qui se moquaient des espoirs du *peuple* français. (M. Le Pen, 22 janvier 2012)

Le clivage se retrouve à propos de *France* et *Français* dont les candidats socialistes et centristes parlent beaucoup moins que M. Le Pen et N. Sarkozy.

Le clivage le plus frappant porte sur l'*Europe*. Le graphique 2 ci-dessous retrace l'évolution du thème *Europe* dans la communication des quatre candidats, classée par ordre chronologique.

Sur l'ensemble de la période, c'est M. Le Pen qui en parle le plus, pour en faire une dénonciation virulente. C'est son troisième thème de campagne après la France et la situation économique. En janvier et février, F. Hollande, F. Bayrou et N. Sarkozy ont donné à peu près le même poids à ce thème dans un sens plutôt positif. En janvier, c'était F. Hollande qui en parlait le plus ; en février N. Sarkozy et ses partisans à cause du rôle joué par le président dans la négociation du pacte de discipline budgétaire. Les discours de N. Sarkozy à Villepinte (12 mars) et à Strasbourg (22 mars) représentent un tournant[1]. N. Sarkozy dépasse M. Le Pen, en volume, et la rejoint quant à la tonalité critique, notamment contre l'ouverture des frontières et le contrôle de l'immigration. Après une brève réaction, F. Bayrou comme F. Hollande choisissent de parler un peu moins de l'Europe...

Graphique 2. Évolution du poids du thème *Europe* dans la communication des 4 principaux candidats (en % du total, classement chronologique par quinzaine)

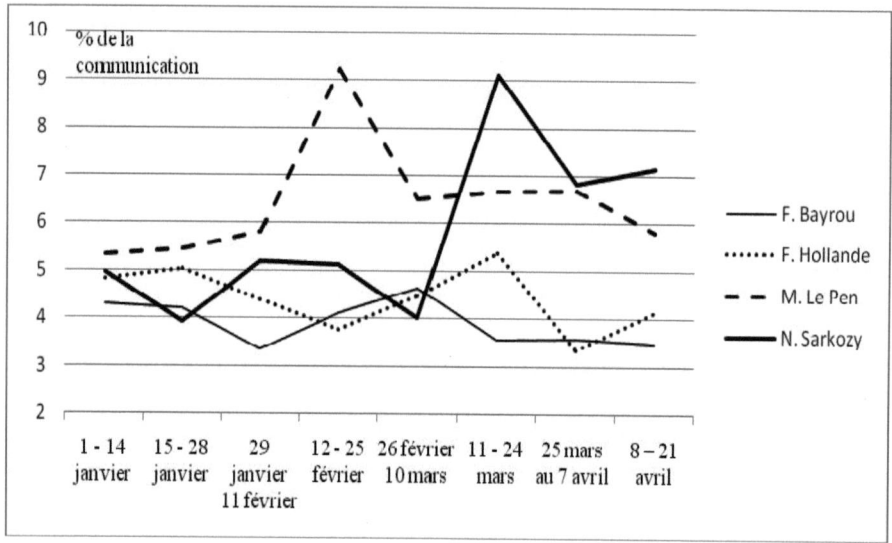

Voici la phrase la plus caractéristique du thème *Europe* chez N. Sarkozy à partir de Villepinte. Elle illustre bien le tournant essentiel pris à la mi-mars par le président sortant :

> Alors, l'*Europe*, je le dis comme je le pense, ne peut pas être le seul ensemble politique au monde à ignorer qu'il a des frontières, le seul ensemble politique au monde à refuser de contrôler son immigration, le seul ensemble politique au monde à n'avoir aucune politique commerciale crédible, le seul ensemble politique au monde à ouvrir sans contrepartie ses marchés publics, le seul ensemble politique au monde à mettre en œuvre une politique de la concurrence qui met ses entreprises à la merci de tous les prédateurs du monde. (N. Sarkozy, 22 mars 2012).

---

[1] Entre les deux, N. Sarkozy a suspendu quelques jours sa campagne présidentielle à cause des attentats survenus à Montauban et Toulouse.

Cette phrase compte 90 mots ; 58 sont associés à l'*Europe* dans l'esprit de N. Sarkozy et de ses partisans. Elle offre le meilleur résumé de la thématique développée contre l'Europe par N. Sarkozy après le 12 mars. Elle rejoint plusieurs critiques de l'extrême-droite. Ne sonne-t-elle pas aussi comme une condamnation de l'action de N. Sarkozy pendant son quinquennat ?

Conclusions

Le calcul des univers lexicaux permet d'établir les principaux thèmes développés dans un texte ou un ensemble de textes. Pour la campagne présidentielle de 2012, cette méthode met en valeur cinq thèmes présents chez les principaux candidats - la *France*, les *Français*, le *pays*, le *peuple* et l'*Europe* qui sont traités de manière très divergente.

Trois conceptions de la France se sont opposées lors de la campagne présidentielle. M. Le Pen présentait une vision nationaliste et anti-européenne. Elle prétendait *incarner les aspirations du peuple* et *rendre la parole aux Français*. Pour F. Bayrou, la France était une communauté économique et sociale en danger. Pour F. Hollande et N. Sarkozy – avant la mi-mars – la France était une entité politique incarnée par ses chefs, notamment le président de la République qui lui prête sa voix. Mais chez N. Sarkozy, cette vision est passée au second plan à partir de son discours de Villepinte (12 mars). A partir de cette date et jusqu'à la fin de la campagne électorale, il a développé une vision de la France proche de celle de M. Le Pen, notamment en ce qui concernait le rétablissement des frontières et l'hostilité à l'Europe.

Ce tournant a-t-il eu des conséquences sur les autres thèmes de la campagne pour le premier tour ?

Chapitre 7
Une thématique cadrée et sans relief

Le chapitre précédent a montré comment la statistique alliée à l'informatique permet de retrouver, dans de vastes ensembles de plusieurs milliers de textes, les principaux thèmes traités, le poids de chacun de ces thèmes (en nombre de mots utilisés), et leur orientation (s'agit-il principalement de valoriser le locuteur ou de dévaloriser un adversaire ?)

Dès lors un certain nombre de questions sont posées à propos de la campagne pour l'élection présidentielle du printemps 2012.

Premièrement, outre les cinq thèmes transversaux (*France, Français, Europe, pays* et *peuple*) déjà étudiés au chapitre précédent, quels ont été les thèmes privilégiés par chaque candidat ?

Deuxièmement, quel contenu les candidats ont-ils donné à ces thèmes ? C'est-à-dire en quels termes les ont-ils traités ? Les ont-ils utilisés plutôt pour mettre en valeur leur programme ou pour critiquer les autres ?

Troisièmement, les candidats ont-ils été fidèles à leurs choix de départ ou bien en ont-ils changé, au cours de la campagne, en fonction des événements, des mouvements de l'opinion ou de la campagne des autres ? La réponse à cette question devrait permettre de savoir quels ont été les principaux tournants durant la campagne.

Après avoir présenté un tableau d'ensemble des principaux thèmes privilégiés par chacun des candidats, ce chapitre répondra aux trois questions posées.

Les thèmes préférés de chaque candidat

Les thèmes privilégiés par chacun des candidats sont récapitulés dans les tableaux placés en annexe. Le tableau ci-dessous répond à la question : Qu'ont-ils choisi ?

Tableau 1. Les thèmes privilégiés par les quatre candidats (classement par ordre d'importance avec le pourcentage du nombre total de mots consacrés au thème) [1]

Thème singulier (important pour l'auteur, marginal ou absent chez les autres) :

F. Bayrou : moralisation de la vie publique (3,1), solidarité (2,5), santé (2,2)

F. Hollande : quartiers (2,8), environnement (2,7), sport (1,7)

M. Le Pen : nation (4,3), mondialisation (2,9), défense nationale (2,8)

Thème privilégié par rapport aux trois autres :

F. Bayrou : déficit des finances publiques (4,8), Allemagne (4,0), fiscalité (3,6), industrie (2,4), revenus (2,2), retraites (2,0), collectivités locales et territoire (2,1), femmes (2,0).

F. Hollande : justice (3,3), culture (3,1), formation (1,8), banque (1,6)

M. Le Pen : immigration (3,9), classes moyennes et populaires (2,4)

N. Sarkozy : éducation (7,9), petites et moyennes entreprises (6,6), emploi-chômage (6,1), jeunesse (3,7), travail (3,6), famille (3,6), sécurité (3,3), agriculture (2,8), logement (2,6)

En seconde position :

F. Bayrou : éducation (5,8), classe moyenne (2,2), travail (2,3), famille (2,6)

F. Hollande : emploi-chômage (4,4), jeunesse (3,6), fiscalité (3,6), entreprises (3,1), immigration (2,5), retraite (1,9), agriculture (1,3)

M. Le Pen : sécurité (2,6), revenus (0,9)

N. Sarkozy : finances publiques (4,4), femme (2,0), justice (1,4)

Les tableaux en annexe et celui-ci-dessus appellent quelques remarques préalables.

Les absences échappent à la mesure puisque, par définition, on ne peut observer que ce qui est présent dans un texte. Au moins deux absences sont particulièrement frappantes.

Premièrement, un "oubli" est remarquable : le *monde* en dehors de l'Europe. A part, M. Le Pen qui parle beaucoup de la *mondialisation* – qu'elle présente comme une *menace mortelle* pour la France – les candidats ont tous fait l'impasse sur la politique étrangère, y compris N. Sarkozy. L'absence n'est pas totale – par

---

[1] Pour *France*, *Français*, *Europe*, *peuple* et *pays*, voir le chapitre précédent, notamment le tableau 4.

exemple, F. Hollande a parlé notamment de la Syrie et de l'Afghanistan – mais il s'agissait de réactions à des événements, ou à des questions des journalistes, jamais de l'exposé d'une politique étrangère.

Deuxièmement, parmi les absences (ou faiblesses) notables, il faut noter plus particulièrement celle concernant l'écologie. A part F. Hollande et le PS qui ont consacré 2,7% de leur communication à l'environnement, chez les 3 autres, cette proportion est trop petite pour faire l'objet d'un enregistrement.

A l'inverse, tous les candidats ont placé en tête de leur thématique la situation économique à laquelle ils ont lié le chômage et l'emploi ainsi que les finances publiques.

Enfin, les choix et les singularités portent plutôt sur des thèmes mineurs, du moins si l'on utilise le nombre de mots qui est consacré à un thème pour en mesurer l'importance chez un locuteur…

Trois thèmes dominants

Durant les mois qui ont précédé l'élection, les enquêtes d'opinion montraient que les Français plaçaient en tête des problèmes du pays : la situation économique, l'emploi, les finances publiques. Les principaux candidats ont respecté cette hiérarchie.

L'économie

Avec des écarts extrêmement réduits, TOUS les quatre ont donné le même poids à la *situation économique* et, en dehors de quelques fluctuations conjoncturelles - comme lors des événements de Toulouse – ce thème a dominé la campagne. Tous, y compris M. Le Pen et son équipe, ont estimé que l'électorat les jugerait là-dessus et qu'il ne fallait pas donner le sentiment que le candidat prenait cette situation à la légère et qu'il n'avait pas réfléchi aux remèdes.

Cependant, chacun a traité ce thème d'une manière assez différente des autres. En ce domaine également, F. Bayrou et le Modem sont les plus décalés par rapport aux trois autres.

Pendant toute la campagne du premier tour, F. Bayrou et le Modem ont consacré 8,7% du total de leur communication à parler de la *situation économique*. La présentation des propositions économiques du candidat représente 3,6% de la communication totale et la critique de la situation, des décisions prises ces dernières années et des programmes des adversaires : 1,5%. Le reste ne peut être explicitement classé dans l'une ou l'autre de ces deux catégories.

Le vocable pivot est le pronom *nous* qui signifie ici "nous les Français". Les principaux noms propres associés à ce thème sont : *Allemagne, Pays-Bas, Suisse* puis *Renault* et *Volkswagen*, ces deux entreprises étant, selon F. Bayrou, la meilleure illustration de la *réussite allemande* comparée à la France. Les substantifs (*nos*) *voisin(s), (notre) production, (notre) modèle (social), entreprise, crise, croissance* et les verbes *produire, fabriquer, exporter, acheter*. Les syntagmes les plus souvent répétés sont *produire en France, (relancer)* la *production en France, modèle social*.

Voici la phrase la plus caractéristique de ce thème, *produire en France*, telle que l'a relevée l'algorithme de recherche :

> Si nous ne rebâtissons pas notre appareil productif, si nous ne nous remettons pas à produire chez nous, à créer des emplois et des richesses, si le modèle social est en jeu, là alors il faut que dans les mois qui viennent, les semaines qui viennent et les années qui viennent, la France tout entière fasse une obsession de cette question : ce que nous ne produisons plus, il faut que nous recommencions à le produire. (F. Bayrou, 10 avril 2012)

Et les deux phrases les plus caractéristiques du substantif *production* :

> Création d'un "commissariat stratégique" pour la production industrielle : mise en place, pour qu'on ait une stratégie nationale de production, d'un commissariat national de stratégie dans lequel les entreprises, l'État, les banques et les syndicats repéreront ensemble les secteurs dans lesquels on peut réimplanter de l'activité en France. (Communiqué de F. Bayrou 27 février 2012)

> François Bayrou a rappelé qu'il était le seul candidat à fonder son programme sur les prévisions de croissance "des grandes institutions internationales" et non pas à les surévaluer. "Je ne simule pas, j'essaye de dire la vérité. Je fais mon possible pour que tous les acteurs de l'économie, des banquiers aux consommateurs, comprennent que le pays est fichu si on ne relance pas la production en France", a-t-il précisé. (Communiqué de F. Bayrou 27 février 2012)

Les tableaux en annexe indiquent que F. Hollande, N. Sarkozy et leurs équipes ont fait un choix identique – en plaçant l'économie en tête de leur communication - mais F. Hollande insiste sur la *croissance*, N. Sarkozy sur la *crise*. Surtout, pour ces deux candidats, la part de critique incluse dans ce thème est nettement plus forte que chez F. Bayrou.

Chez F. Hollande et le PS, outre *croissance*, les mots les plus associés à la situation économique sont : *Europe, Banque centrale européenne*, les substantifs *emploi, traité, activité, redressement, crise*. Comme chez F. Bayrou, le pronom "nous" est celui qui a en charge la situation économique, mais ce pronom signifie plutôt "nous les Européens" comme l'illustrent bien les deux phrases les plus caractéristiques de la situation économique telles que le logiciel les a relevées :

> D'où ma proposition à la fois de redressement productif ici, de soutien des entreprises - et notamment des PME - de développement de l'investissement, la création de la banque publique qui aura cette vocation avec les banques bien sûr du secteur privé ; mais aussi de renégocier le traité budgétaire européen, parce que tous les pays le disent, les plus concernés, ceux qui sont obligés de mener des politiques très dures en ce moment, s'il n'y a pas de retour à la croissance, nous aurons l'instabilité de la zone euro, la poursuite des déficits et... (F. Hollande, 20 avril 2012).

> La croissance, elle est indispensable, et je ne le dis pas parce que je suis candidat à l'élection présidentielle, la plupart des chefs de gouvernement, même conservateurs, en sont convaincus, pas simplement le chef du gouvernement espagnol, le chef du gouvernement également aux Pays-Bas, Mario Monti ne dit pas autre chose en Italie, et les experts, les fameuses agences de notation, celles qui nous infligent, enfin, infligent au président sortant un certain nombre de rebuffades, que disent elles, elles disent : mais s'il n'y a pas de croissance, il n'y aura pas de possibilité de recettes fiscales supplémentaires et donc il n'y aura pas de retour à l'équilibre. (F. Hollande, 12 avril 2012)

F. Hollande et le PS ont donc une vision keynésienne de l'Europe. Cela explique la place importante, dans leurs propos sur la situation économique, de la Banque centrale européenne et de la révision du traité (sur l'équilibre budgétaire).

Dans le lexique de N. Sarkozy et de ses partisans, le vocable le plus fortement associé à la situation économique est *crise*. On trouve ensuite *France* et *monde* (et les adjectifs *mondial* et *international*) ainsi que *travail* et les verbes *protéger, affronter*. Le syntagme le plus souvent répété est *protéger la France*. Voici les deux phrases les plus caractéristiques de la manière dont N. Sarkozy a parlé de la situation économique au cours de sa campagne :

> Pendant les 5 dernières années, je n'ai eu qu'une seule préoccupation : protéger la France de 4 années de crise parmi les plus violentes que le monde ait jamais connues depuis un siècle : crise financière, crise de la dette, crise de la dette privée et publique, crise économique, crise de l'euro, crise de l'Europe. (N. Sarkozy, 15 mars 2012)

> La France a tenu, mais ce n'est pas parce que nous avons tenu que nous devons ignorer les faiblesses que ces crises ont révélées, faiblesses de nos finances publiques, faiblesses de notre économie, pas assez compétitive, et par-dessus tout, faiblesses de notre rapport au travail, parce qu'il faut dire la vérité : on ne travaille pas assez, parce que nous n'en finissons pas d'en payer les conséquences : d'une retraite à 60 ans, décidée à l'inverse de ce que faisaient tous les autres, alors que nous n'avions absolument pas les moyens de la financer, des 35h, de l'assistanat et de toutes ces mesures qui ont adressé un message désastreux à notre pays : le travail est dépassé, le travail ne sert à rien, on peut s'en sortir sans le travail ; voilà la facture du début des années 80. (N. Sarkozy, 11 avril 2012)

En présentant ses vœux à la presse le 5 janvier 2012, M. Le Pen avait annoncé que la situation économique et financière serait "l'enjeu principal de l'élection" et que "les Français jugeront les candidats à l'aune des solutions qu'ils seront en mesure de proposer". Cela explique l'importance de ce thème dans sa communication. Les vocables les plus fortement associés sont *Europe*, *euro*, *Sarkozy* et *banque(s)* - qui, selon M. Le Pen et son parti, sont les principaux responsables de la situation économique – puis viennent : "nous" et *Français*.

> La crise n'est pas une fatalité tombée du ciel, mais le produit des erreurs politiques de toute une génération, le mépris du peuple, supposé dépassé par la supranationalité européiste, le règne de l'argent roi, l'oubli de l'État, de tout souci d'un bien commun national pour le seul sauvetage des oligarchies bancaires. (Communiqué de M. Le Pen, 1er janvier 2012)

> La crise ruine les travailleurs, les entrepreneurs courageux pendant que les puissants ne cessent de s'enrichir ; Bruxelles veut en finir avec nos paysans, avec nos pêcheurs, avec nos artisans, avec nos commerçants, avec nos entrepreneurs, avec tous ceux qui sont les forces vives de ce pays ! (M. Le Pen, 20 avril 2012)

Il est donc logique que la principale proposition de M. Le Pen et du FN, soit la fin de l'euro et, sans que cela soit dit explicitement, la sortie de l'Europe.

Outre ce premier ensemble lexical, la candidate d'extrême-droite associe étroitement l'argent à la situation économique. Le syntagme le plus souvent répété est : *argent-roi* puis *l'argent des Français*[1]. Voici les deux phrases les plus caractéristiques de cette intersection entre les univers de la crise et celui de l'argent :

> La menace permanente du chômage, le recours exponentiel au travail précaire ou intérimaire, le fléau des délocalisations de production et de services, le règne sans partage de la finance dans la grande entreprise, l'objectif ultime que constitue le profit, l'argent roi, toutes ces évolutions bien réelles et durement vécues par les Français font que c'est un sentiment permanent d'insécurité qui mine les foyers. (M. Le Pen, 8 janvier 2012)

> La gauche sans morale, du sud au nord, qui fait mine de détourner les yeux et de se pincer le nez devant les Guérini, les Dalongeville, les Kusheida, alors qu'elle savait depuis toujours la corruption, l'argent sale, les juges achetés comme monsieur Pichoff, président du tribunal correctionnel à qui la mafia du Nord versait des pots de vins pour obtenir des jugements complaisants, l'argent des logements des mineurs détourné, les entreprises rackettées, l'argent public durement gagné par les légions de travailleurs scrupuleux qui se serrent la ceinture et payent leur impôt pour permettre à des voyous de mener grande vie. (M. Le Pen, 12 décembre 2011)

Ce bref tableau fait émerger deux caractéristiques marquantes.

D'une part, la clef du redressement économique de la France n'est pas économique mais politique : changer le président – pour F. Bayrou, F. Hollande et M. Le Pen -, ou liquider l'héritage des années post-soixante huit, selon N. Sarkozy….

D'autre part, sauf pour F. Bayrou, la solution des difficultés qu'affronte la France ne se situe pas principalement en France mais en Europe : une Europe de la croissance pour F. Hollande, une Europe mieux protégée pour N. Sarkozy et la sortie de l'euro pour M. Le Pen.

L'emploi et le chômage

Chez ces quatre candidats, il y a une forte corrélation entre le thème de la *situation économique* et celui de *l'emploi et du chômage*.

Sans surprise, le *travail* est l'un des principaux thèmes développés par N. Sarkozy. Il devance largement F. Hollande sur ce

---

[1] Bien que ce soit un thème d'extrême-droite (au moins depuis le boulangisme), F. Mitterrand l'a beaucoup utilisé avant 1981 : Labbé (1983).

point. Comme en 2007, il a tenté d'en faire un point de clivage avec son principal adversaire en associant à ce mot : *effort, valeur, mérite, assistanat, salaire…* l'adverbe *plus* et les syntagmes *encourager l'effort, allègement de(s) charge(s)*. Voici les deux phrases les plus caractéristiques de ce thème chez le président sortant :

> Dans un monde totalement nouveau, est-ce que nous allons prendre le chemin qui a réussi partout dans le monde : le travail, l'effort, le mérite l'innovation, l'éducation pour être plus fort et compter ou est ce que l'on va prendre l'autre chemin : celui de l'assistanat, le refus de l'effort, la négation du monde nouveau car, à ce moment-là, ce sera le déclin de la France. (N. Sarkozy, discours de Pierrefonds (Réunion), 31 mars 2012)

> En divisant le travail, en partageant le travail, on ne crée pas des emplois, on détruit des emplois, parce que c'est le travail qui fait croître l'économie et qui crée des emplois, parce qu'en partageant le travail on décourage le travail. (N. Sarkozy, discours de Lille, 23 février 2012)

Dans la première phrase, la mise en valeur du programme – prise en charge par le pronom "nous" - et la critique de l'adversaire occupent sensiblement le même espace et se répondent. Dans la seconde, la présence du pronom "on" – que N. Sarkozy utilise surtout quand il parle des socialistes – permet à l'automate de classer cette phrase dans la catégorie "critique de F. Hollande". Généralisé à l'ensemble des phrases consacrées à ce thème, le calcul montre que la part de la critique l'emporte largement sur la mise en valeur.

Chez F. Hollande, *travail* est un quasi-synonyme d'*emploi* (ces deux mots étant très fortement associés). Les syntagmes les plus souvent répétés sont *création d'emploi(s), protection de l'emploi*. Voici les deux phrases les plus caractéristiques de ce thème chez les "Hollandistes" :

> En faisant de l'emploi sa priorité, par la mise en place d'une politique économique basée sur une industrie ambitieuse qui renouera avec l'innovation, basée également sur une meilleure protection de l'emploi des Français et en faisant de la jeunesse une grande ambition, François Hollande nous permettra de retrouver le chemin de l'emploi et de la croissance. (Communiqué du PS, 25 janvier 2012)

> En faisant de l'emploi son engagement prioritaire, par la mise en place d'une politique économique basée sur une industrie ambitieuse qui renouera avec l'innovation, basée également sur une meilleure protection de l'emploi des Français, avec une réforme fiscale qui favorisera l'investissement et en instaurant une solidarité intergénérationnelle au sein des entreprises, c'est avec François

Hollande que nous engagerons ce profond changement. (Communiqué du PS, 24 février 2012)

Ces deux extraits mettent en lumière l'un des mécanismes de la communication politique – particulièrement net chez F. Hollande (mais aussi chez N. Sarkozy et leurs équipes respectives) : la réutilisation des mêmes petits segments de phrases. Pendant six mois, de communiqués en discours, F. Hollande et le PS ont répété : *faire de l'emploi une priorité, une industrie ambitieuse, renouer avec l'innovation, meilleure protection de l'emploi des Français, profond changement*. Ces formules ont été définies en début de campagne. Ensuite, le candidat et son équipe les ont recombinées à l'infini un peu comme les cubes d'un jeu de construction[1]. Ces formules comportent toutes un jugement sous-jacent : "l'emploi, l'industrie, la protection des Français, etc. n'ont pas été des priorités de N. Sarkozy".

Enfin, chez F. Bayrou, le *travail* (2,9% de sa communication) n'est pas un synonyme d'*emploi* (contrairement à F. Hollande) même si les deux mots sont étroitement associés. Outre "produire en France", les principaux vocables associés à ce thème sont : *charge(s), coût (du), contrat, durée*. Le syntagme le plus souvent répété est *(re)créer des emplois*. Voici la phrase qui chez F. Bayrou, illustre le mieux l'intersection entre ces deux thèmes :

Question principale, question d'obsession familiale et d'obsession nationale : il nous faut recréer les emplois qui sont partis, les emplois qu'on a laissé disparaître, que les autres ont récupérés, nos voisins, nos voisins allemands, nos voisins suisses, nos voisins des Pays-Bas, nos voisins belges qui tous produisent, implantent des entreprises, exportent jusqu'à chez nous. (F. Bayrou, 6 avril 2012)

Les finances publiques

En importance relative, le second groupe de thèmes – en dehors des thèmes transversaux évoqués au chapitre précédent - concerne le *déficit des finances publiques* et la *dette* auxquels sont associés le sous-thème "(état des) finances publiques" et celui de la *fiscalité* (*impôts, TVA, prélèvement*). C'est F. Bayrou et le Modem qui lui ont accordé le plus de place (4,8% de leur communication, soit + 13% de mots par rapport à la moyenne des quatre principaux candidats). A

---

[1] Delporte (2009).

l'opposé, F. Hollande et surtout M. Le Pen lui ont donné une importance nettement moindre.

Là encore, le contenu du thème est différent selon les candidats. Chez F. Hollande et surtout dans les communiqués du PS, il sert à illustrer le *bilan* du *président sortant* et secondairement à développer le thème de la *justice fiscale*. Une phrase résume le propos constant du candidat socialiste :

> Mais le deuxième temps, c'est celui du rétablissement de nos finances publiques, ce deuxième temps, il commence avec la convocation du nouveau Parlement, puisque ce sera à partir de la fin du mois de juin, l'Assemblée nationale ayant été renouvelée, que je pourrai engager trois réformes, la réforme de nos finances publiques, la loi de programmation pour rétablir l'équilibre des comptes à la fin 2017, la réforme fiscale, indispensable pour la justice et pour avoir un certain nombre de recettes supplémentaires, et enfin, la réforme bancaire, parce qu'elle est nécessaire si nous voulons accompagner le mouvement de reprise de l'économie. (F. Hollande 4 avril 2012)

Pour M. Le Pen et le FN, il s'agit de *l'argent des Français* gaspillé par le système. Pour N. Sarkozy et l'UMP, c'est F. Hollande qui menace l'*équilibre* des finances publiques...

Seul F. Bayrou a cherché à donner un peu d'épaisseur à ce thème... Voici les deux phrases les plus caractéristiques de F. Bayrou

> Les Français savent gré à François Bayrou de les avoir alertés il y a cinq ans sur la réalité de la dette et du déficit et ils voient en lui quelqu'un de sincère, d'honnête, de juste, quelqu'un qui a du caractère et qui sait dire non. (Communiqué du Modem rapportant l'entretien de M. de Sarnez avec Nice-Matin, 11 janvier 2012)

> La cour [des comptes] nous rappelle que la dette est toujours en plein dérapage, qu'on va atteindre 90% de notre production annuelle totale en dette fin 2012 qu'on court vers les 100%, c'est à dire au-delà du niveau où la dette est contrôlable. (Communiqué de F. Bayrou, 9 février 2012)

De manière générale, sur l'ensemble de la campagne du premier tour, les quatre principaux candidats ont consacré de 17 à 24% de leur communication à la *situation économique*, au *chômage*, à l'*emploi* et au *travail*, et aux *finances publiques*. Cette proportion semble considérable. De plus, le contenu de ces thèmes a été fixé dès le début de la campagne et – en dehors de la nouvelle tranche d'imposition pour les plus riches annoncée par F. Hollande le 27 février – les mêmes formules ont été répétées sans relâche. Ce fut également le cas pour quelques autres thèmes importants.

Autres thèmes majeurs…

Quelques autres thèmes ont tenu une place importante dans la campagne présidentielle : l'*éducation*, l'*immigration*, l'*insécurité*, les *jeunes*…

L'éducation

L'éducation a été un thème majeur (sauf pour M. Le Pen qui lui consacre seulement 1,1% de sa communication, associé au thème de la défense de la culture et de l'identité nationales).

Chez les trois autres candidats, les principaux vocables associés sont : *école, enseignant, enseignement, élève, université, établissement scolaire*. Si le contenu semble assez proche, l'orientation est fort différente selon les candidats.

N. Sarkozy et l'UMP lui donnent le plus d'importance (avec 7,9 % de leur communication). Sur l'ensemble de la campagne, c'est même leur premier thème en importance très légèrement devant la crise. Avant le début mars, la plupart des énoncés de l'UMP se contentaient pourtant de critiquer l'engagement de F. Hollande de créer 60 000 postes dans l'Éducation nationale. Personne ne semblait avoir pris réellement la mesure du tournant qu'avait pris N. Sarkozy. Profitant de ses "vœux aux acteurs de l'éducation" (Chasseneuil-du-Poitou le 5 janvier 2012), il avait annoncé l'abandon du non-remplacement d'un enseignant sur deux partant à la retraite (dans le primaire), une *réforme de l'éducation* – notamment du collège unique - du *statut des enseignants* et le développement du *suivi personnalisé* des élèves. Mais à partir de mi-mars, ces propositions sont passées au second plan.

Puis, viennent F. Bayrou et le Modem (5,8%) dont l'essentiel de la communication sur ce thème est centrée sur le *recul* des résultats de l'école (avec le mot le plus caractéristique : *classement* suivi de : *lecture, écriture, calcul, niveau*). F. Bayrou annonce une *bataille pour l'éducation* dans laquelle les moyens ne sont manifestement pas les seuls paramètres.

> C'est au moins aussi important cette question là et même plus, j'accepte que nous le disions ensemble, nous ne pouvons pas accepter que dure plus longtemps la situation dans laquelle la France - notre pays qui a été un phare de l'éducation dans le monde, qui a été regardé par le monde entier comme l'éducation de référence, les écoles et les universités où l'on envoyait ses enfants de quelque continent que l'on vint - nous ne pouvons pas accepter qu'année après année nous dévalions la pente dans les classements qui mesurent des choses aussi simples que la lecture, que l'écriture, que le calcul ou même que les inégalités scolaires ! (F. Bayrou, 19 avril 2012)

Enfin F. Hollande (5,4%) et le PS utilisent principalement ce thème pour critiquer le *bilan de N Sarkozy*, le programme du candidat socialiste consistant essentiellement en un rétablissement de la situation antérieure à certaines décisions de son prédécesseur (les *suppressions de postes*, la *formation des maîtres*, le *collège unique*, l'*accueil en école maternelle*).

> Le projet du candidat sortant, c'est la poursuite de la dégradation de l'éducation nationale, avec de nouvelles suppressions de postes et avec aussi la remise en cause du collège unique, avec l'autonomie des établissements, avec la fin des concours nationaux de recrutement d'enseignants et pour l'enseignement supérieur, le relèvement des droits d'inscription ! (F. Hollande, 4 avril 2012)

> Je remettrai l'école au cœur de l'action publique : création de 60 000 postes supplémentaires dans l'éducation ; la formation des enseignants sera rétablie ; l'accueil des enfants de moins de 3 ans sera facilité ; l'accès à la culture dès le plus jeune âge sera développé. (F. Hollande, 6 avril 2012)

Pourtant, cet intérêt que tous proclamaient pour l'école semble démenti par un indice évident : au fur et à mesure que la campagne avançait, le poids du thème de l'école reculait dans la communication des quatre principaux candidats, au profit notamment de l'*immigration* et de l'*insécurité*.

Insécurité et immigration

On ne peut rattacher la *sécurité* et l'*immigration* au groupe des thèmes "incontournables". En effet, pour l'un des candidats – F. Bayrou – ces deux thèmes sont si marginaux qu'ils échappent au recensement statistique (ils sont donc absents du tableau en annexe récapitulant la thématique de F. Bayrou). Dans ses discours et communiqués, le thème de l'*immigration* ne franchit jamais la barre du 1%. Non seulement F. Bayrou en parle très peu mais, de plus, chez lui, le pivot - des quelques phrases où il aborde la question – c'est que les autres candidats utilisent l'immigration pour "dresser les Français les uns contre les autres".

Sans surprise, c'est M. Le Pen et le FN qui consacrent le plus de place à l'*immigration*. Dans leur esprit, ce thème est fortement relié à celui de la *sécurité*. En effet, le substantif *insécurité* est, dans leur lexique, le mot le plus fortement associé à *immigration*. Dans ce même univers de l'immigration, on trouve les substantifs suivants (par ordre décroissant de liaison) : *chômage, salaire, baisse, islam, étranger, nombre, masse, corruption, patronat, prédation, communautarisme, laxisme, frontière, origine*.

Les syntagmes les plus souvent répétés sont *immigration massive, immigration clandestine, baisse des salaires, origine étrangère*.

Cependant, ce n'est pas M. Le Pen qui parle le plus de la *sécurité*, mais l'UMP et, secondairement, N. Sarkozy (notamment lors des événements de Toulouse). Il s'agit essentiellement d'utiliser le thème pour mener le procès du PS et de F. Hollande :

> Pendant cinq ans, la gauche a voté contre toutes les mesures proposées par le gouvernement visant à mieux protéger les Français, de la loi relative à la lutte contre la récidive à la loi sur la sécurité intérieure renforçant la lutte contre le terrorisme et la criminalité organisée, en passant par celle sur l'exécution des peines. (Communiqué de l'UMP 21 mars).

Ce qui peut s'interpréter aussi comme le souci de récupérer une partie de l'électorat de M. Le Pen, ce qu'elle n'a pas manqué de dénoncer à plusieurs reprises.

En revanche, il est frappant que, jusqu'à Villepinte, N. Sarkozy et l'UMP ont peu utilisé le thème de l'immigration, ce qui fait que, sur l'ensemble de la campagne du 1er tour, le président en a moins parlé que F. Hollande et le PS qui ont utilisé ce thème pour illustrer le *bilan du président* (voir prochain chapitre).

D'autres thèmes doivent être mentionnés : les *retraites*, la *situation des classes moyennes* (et *populaires* chez Hollande), la situation des *collectivités territoriales* ont été abordés par tous mais avec des densités faibles et, souvent, une dimension plus critique que positive. Pour les trois opposants, il s'agit de dénoncer ce qui a (ou n'a pas) été réalisé par le président plutôt que de propositions ; N. Sarkozy et l'UMP critiquant surtout les réalisations passées des socialistes et les propositions de F. Hollande.

Enfin, la *jeunesse* à laquelle deux candidats ont donné beaucoup d'importance : N. Sarkozy et F. Hollande qui sont presque à égalité. Il est frappant de constater que ces deux candidats ont manifesté cet intérêt à partir du moment où les études d'opinion ont montré qu'ils étaient très "en retard" dans les intentions de vote des jeunes électeurs et que dans cette classe d'âge, ils étaient devancés par M. Le Pen… qui, pourtant, a très peu parlé de la *jeunesse* !

Les autres thèmes sont plus spécifiques à l'un ou à l'autre des candidats. Nous résumons ci-dessous les informations contenues dans les tableaux complets en annexe.

Les singularités

Nous présentons d'abord les singularités de chaque candidat (thèmes délaissés par les autres), puis les thèmes qu'il a privilégiés par rapport aux trois autres.

F. Bayrou : moralisation, solidarité et santé

F. Bayrou et, secondairement le Modem, se sont singularisés avec trois thèmes délaissés par les autres candidats.

Premièrement la *moralisation de la vie publique* – comme indiqué dans le chapitre 5 (à propos du pronom "on" - c'était probablement le thème que F. Bayrou avait le plus à cœur. Ce thème est également présent chez F. Hollande – sous la forme "État impartial" - mais avec une densité trop faible pour avoir été retenu dans le décompte automatique des thèmes.

Deuxièmement, la *solidarité* (il s'agissait essentiellement de la préservation du *modèle social français*), cette thématique est bien résumée par la phrase la plus caractéristique relevée par le logiciel :

> Les questions que nous mettons, nous, devant les Français, ce sont les questions mêmes de la survie et de la promotion, dans l'avenir, du modèle français que nous avons bâti ensemble : le modèle de solidarité sociale : la santé, la maladie, les retraites, les allocations familiales, les allocations du chômage, tout cela, c'est le modèle social français ; et le modèle républicain : le modèle des services publics, l'éducation, la sécurité, la justice. (F. Bayrou, 10 avril 2012)

Troisièmement, F. Bayrou a parlé tout au long de sa campagne de la *santé* - spécialement les *difficultés de l'hôpital public* et des *médecins* – alors que ce thème a été négligé par les trois autres.

Mais ces singularités importantes n'ont sans doute pas été perçues, car F. Bayrou a choisi comme deuxième principal thème de campagne – après *produire en France* - la situation des *finances publiques* et la *fiscalité* qui lui est liée. Secondairement, il a aussi insisté, plus que ses concurrents, sur les *collectivités locales* – la *décentralisation* - et la *situation des femmes*. En effet, les *femmes* et la *famille* sont des thèmes caractéristiques de F. Bayrou. Même s'ils sont assez mineurs en volume, ils ont été abordés régulièrement. Voici la phrase la plus caractéristique :

> Une loi cadre pour les violences conjugales : dans la lutte contre la violence, notamment l'enfer de la violence conjugale, il faudra aller plus loin encore, que le plan interministériel de lutte contre les violences faites aux femmes 2011 - 2013, avec l'adoption d'une loi cadre, pour marquer les esprits et signifier l'implication de tous les pouvoirs – exécutif, législatif - judiciaire -, inspiré de ce qui s'est fait en Espagne : amélioration de la formation des acteurs sociaux, médicaux et judiciaires à l'accueil et au soutien des femmes victimes de violences conjugales ; sensibilisation des jeunes contre toutes les formes de violence ; création d'appartements refuges ; facilités accordées au juge pour écarter le conjoint violent des lieux fréquentés par la victime, et l'astreindre à un suivi médical. (Communiqué de F. Bayrou à l'occasion de la journée internationale de la femme, 8 mars 2012)

Au total, F. Bayrou est donc celui qui a abordé le plus de thèmes différents. Peut-être était-ce trop ? Cette diversité n'a-t-elle pas contribué à brouiller son image et à occulter les aspects principaux de son programme ?

F. Hollande et le PS : l'environnement et les quartiers

F. Hollande et le PS ont été les seuls à donner de l'importance à l'*environnement* (thème négligé par les trois autres). Attention, ce n'est pas F. Hollande qui insiste sur ce point mais essentiellement le PS dans les communiqués affichés sur son site. Voici la phrase la plus caractéristique qui résume bien cette thématique délaissée par les autres candidats :

> La discussion a enfin été engagée avec les associations sur le fond, en particulier sur le contenu de la transition énergétique et écologique, la préservation de la biodiversité, la conciliation entre agriculture et environnement, la fiscalité

environnementale notamment son cadre juridique, la politique d'économies d'énergie, de réduction de la part du nucléaires dans le mix énergétique et de lutte contre le changement climatique, la nécessaire réduction du gaspillage environnemental dont l'artificialisation des terres. (Communiqué du PS, 28 février 2012)

Autre thème original de F. Hollande : les *quartiers* – alors que les autres traitaient surtout du *logement* et des *banlieues* avec beaucoup moins de mots. Voici les deux phrases qui illustrent le mieux ce thème dans la communication de F. Hollande et du PS :

Toulon : la crise sociale en quelques chiffres : la crise est triple, notamment dans les quartiers populaires où vivent cinq millions de nos concitoyens : - crise sociale : un habitant sur trois vit sous le seuil de pauvreté, trois sur dix touchent le RSA ; - crise économique : un actif sur cinq est au chômage et plus de quatre jeunes sur dix le sont ; - crise sanitaire : près d'un habitant sur quatre a déjà renoncé à des soins pour raisons financières." (Communiqué de F. Hollande, 22 janvier 2012)

Un travail de fond a été engagé depuis de nombreux mois avec les forces vives des quartiers pour que l'égalité territoriale soit une réalité : par l'affectation prioritaire des emplois créés dans l'éducation nationale dans les écoles qui en ont le plus besoin, dans les quartiers et les autres territoires délaissés par la république, par la création d'emplois à destination des jeunes, par le soutien aux entreprises qui se créent et qui innovent, par le respect de la démocratie locale et de la vie associative et culturelle dans les quartiers. (Communiqué du PS, 4 mars 2012)

M. Le Pen et le FN : l'armée, la défense nationale et la mondialisation

M. Le Pen et ses partisans ont été les seuls à accorder une place importante à l'*armée* et à la *défense nationale*, essentiellement sur le plan budgétaire répétant, à de nombreuses reprises, leur engagement de lui consacrer "2% du PIB". Ils sont également revenus à plusieurs reprises sur la création d'une "garde nationale" :

Nous assurerons en priorité la protection du territoire national et la sécurité des Français, notamment grâce à la mise en place d'une garde nationale de 50 000 réservistes, hommes et femmes, mobilisables dans un bref délai, moins de 24 heures. (M. Le Pen, 2 décembre 2011)

F. Bayrou et N. Sarkozy n'ont fait aucun discours spécifique sur ces sujets. F. Hollande a effectué une visite à la base des sous-marin nucléaires – mais sans journalistes – et il a prononcé un discours sur la *défense nationale*, de 7000 mots (le 11 mars), où il a annoncé le *retrait* des troupes françaises d'Afghanistan et qu'il souhaitait une *Europe de la défense*.

M. Le Pen est également la seule candidate à consacrer une part significative de sa communication à la *mondialisation*, sujet non traité par les autres.

> C'est d'autant plus mentir aux Français quand on[1] a mené une politique, par ses votes et par ses actes, qui nous a désarmés face à la mondialisation, qui nous a précipités dans le piège d'une Europe de Bruxelles ultralibérale, et qu'on a toujours fait le choix de l'ouverture totale des frontières, à tous les vents de la mondialisation. (M. Le Pen, 5 janvier 2012)

Enfin, rappelons que M. Le Pen et le FN sont également les seuls à avoir parlé de la France comme *nation*.

La thématique des candidats est maintenant connue. Ce tableau d'ensemble amène une question : ces thèmes sont-ils stables ? Quelle est la part de la conjoncture ? Par exemple, quelle a été l'influence de la crise de l'euro et du traité sur l'équilibre budgétaire (durant l'hiver) ou bien celle des attentats de Toulouse (mi-mars) ?

La course de fond des candidats

Pour répondre à ces questions, un programme informatique[2] observe l'évolution du vocabulaire et du style dans les textes émis par les quatre candidats et par leurs soutiens.

Style et spécialisation du vocabulaire

La *spécialisation* du vocabulaire mesure la capacité d'un auteur à réserver l'emploi de certains mots au traitement d'un thème particulier. Un vocabulaire trop spécialisé risque de faire passer l'orateur pour pédant. A l'inverse l'utilisation d'un vocabulaire trop général risque de faire passer l'orateur pour un homme peu sérieux ou

---

[1] M. Le Pen fait allusion à F. Bayrou, F. Hollande et N. Sarkozy.
[2] Pour les calculs : Hubert & Labbé 1988 ; Labbé, Labbé et Hubert 2004 ; Monière & Labbé 2010. Pour des applications au discours politique : Arnold 2005 ; Monière & Labbé 2003 ; Labbé & Labbé 2010 ; Monière & Labbé 2008. Cette section est le résumé de la neuvième radioscopie de la campagne présidentielle (Labbé & Monière 2012).

peu au fait de ses dossiers. Deux orateurs ont choisi d'utiliser tout le temps le même vocabulaire sans aucune spécialisation (F. Bayrou et F. Hollande). Les discours de N. Sarkozy présentent une spécialisation très faible. Seule M. Le Pen varie son vocabulaire en fonction du thème traité (à moins que certains de ses discours ne soient des collages de plusieurs textes...) En revanche, les communiqués du PS et de l'UMP utilisent un vocabulaire nettement spécialisé (leur rédaction étant confiée à plusieurs plumes). Ceux du Modem et surtout du FN le sont nettement moins (équipe plus réduite ou rédacteurs généralistes).

La *diversité* du vocabulaire traduit la capacité plus ou moins grande d'un auteur à varier ses expressions pour éviter les répétitions des mêmes mots à des intervalles rapprochés. Cette dimension stylistique est mesurée par le nombre de vocables différents employés dans de courts empans de mots (tableau 2).

Tableau 2. Diversité du vocabulaire (nombre de mots différents, base 100 = F. Bayrou)

F. Bayrou (discours)	100
UMP (communiqués)	111
Modem (communiqués)	112
N. Sarkozy (discours)	114
F. Hollande (discours)	119
PS (communiqués)	120
M. Le Pen (discours)	125
FN (communiqués)	142

Le tableau se lit de la manière suivante : en comparant des longueurs égales de textes, là où F. Bayrou emploie 100 mots différents, les communiqués de l'UMP en comptent 111, ceux du Modem, 112... et ceux du FN : 142 (soit 42% en plus).

Une forte diversité signale généralement des questions auxquelles le locuteur a longuement réfléchi et pour laquelle il pense détenir la "bonne solution". Elle peut aussi refléter une certaine préciosité dans l'expression, défaut que n'évitent pas les rédacteurs de communiqués du FN. A l'inverse, une faible diversité peut être symptomatique d'une pensée plus superficielle. Elle peut aussi être le résultat d'un choix conscient : exposer les choses de manière simple pour être bien compris. C'est manifestement le choix de F. Bayrou et, dans une moindre mesure, celui des rédacteurs de l'UMP, du Modem et des discours de N. Sarkozy. Enfin, pour un même orateur, la diversité est toujours supérieure dans un texte écrit (ou récité) par rapport à celle de ses interventions orales spontanées, ce que sont manifestement les discours de F. Bayrou. Là encore, un auditoire est sensible à cette dimension et pourra se rebuter quand l'orateur lit un discours trop élaboré, ce qui était probablement le cas pour de nombreux discours de F. Hollande et de M. Le Pen.

Des thèmes fixés de longue date

F. Bayrou déclare officiellement sa candidature le 7 décembre 2011. Mais sa campagne ne commence réellement que fin janvier quand il présente son programme. Durant tout le mois de février et jusqu'au début mars, il détaille ses propositions et apporte quelques compléments. La "moralisation de la vie publique" est le dernier thème à être développé (25 février). Puis F. Bayrou multiplie les entretiens, les discours de meeting, en déclinant son programme avec des exemples particuliers – souvent empruntés à la région qu'il visite - mais sans apporter de thèmes nouveaux. Devant le durcissement de la campagne et sa stagnation dans les intentions de vote, il ne change pas de thématique, il choisit de se répéter et de faire simple.

On retrouve dans les communiqués de F. Bayrou et du Modem, les deux mêmes caractéristiques que dans les discours : stabilité thématique et stylistique. Cette dernière caractéristique suggère que ces textes sont l'œuvre d'un rédacteur unique ou d'une petite équipe très soudée.

La campagne de F. Hollande a duré 6 mois - de la convention d'investiture (22 octobre 2011) au premier tour (22 avril 2012) - et ne présente pourtant aucune rupture thématique significative. Même le discours du Bourget (22 janvier 2012) – présenté comme fondateur par ses partisans – ne contient en fait rien de neuf. Une seule quinzaine (7-22 mars) apporte un renouvellement très limité - essentiellement la fameuse tranche d'impôts sur le revenu des plus riches. Il est donc certain que F. Hollande a défini sa thématique de campagne dès le mois d'octobre et qu'il s'y est tenu, se contentant, durant le dernier mois, d'accentuer ses critiques envers le "bilan" et la personnalité de N. Sarkozy.

En revanche, la dimension stylistique est assez fortement chahutée, soit que F. Hollande ait changé de rédacteur principal ou que celui-ci ait eu quelque mal à trouver le style de son patron. En effet, il est peu probable que F. Hollande se soit beaucoup écarté des notes ou des fiches que ses collaborateurs lui avaient préparées, car la plupart de ses interventions – y compris celles à la radio et à la télévision – présentent les caractéristiques de l'écrit.

Dans les communiqués du PS on retrouve la même stabilité thématique avec, en plus, une remarquable unité stylistique, ce qui indique que tous ces textes étaient, au minimum, "visés" par un seul responsable ou une petite équipe soudée.

L'UMP n'a cessé de répéter que F. Hollande est ondoyant, versatile ou obscur. La variabilité formelle et l'extrême généralité de ses prestations ont pu donner consistance à ces reproches alors même que ces fluctuations apparentes recouvraient une grande stabilité thématique.

M. Le Pen fait preuve de la même stabilité. En dehors de deux légers ressauts à la mi-mars – les attentats de Toulouse et surtout la viande Hallal dans les cantines scolaires - il n'y a aucune fluctuation thématique significative dans sa communication et dans celle de son parti, tout au long de la campagne électorale. Les thèmes avaient donc été fixés avant le 1er janvier 2012 et n'ont pas varié. Il en est de même de la composante stylistique, comme si tous ces textes sortaient d'un même moule, même quand ils étaient signés par des responsables différents, ou bien comme s'ils avaient été soigneusement relus et "formatés".

N. Sarkozy a profité des vœux que le président adresse en début d'année aux différents corps constitués – puis de la crise de l'Euro en janvier-février - pour esquisser son programme pour un second quinquennat. En dehors de ses discours de Villepinte (12 mars) et de Strasbourg (22 mars sur l'Europe), il n'a rien changé d'important à cette thématique. Mais ses propositions ont-elles été entendues même dans son propre camp ? On a vu que l'UMP, tout occupée à sa polémique contre F. Hollande avait donné peu de place à celles –

pourtant importantes – qui portaient sur l'éducation nationale. Il semble en avoir été de même pour tous les thèmes censés apporter du nouveau par rapport au quinquennat 2007-2012. Mais, après l'annonce de sa candidature, N. Sarkozy lui-même semblait plus occupé à polémiquer avec F. Hollande qu'à mettre ses propositions en valeur...

A partir de la mi-mars (Villepinte), l'*éducation* et le *travail* passaient au second plan et les deux premiers thèmes, de N. Sarkozy et de ses partisans, étaient la *crise* – qui correspond au thème *situation économique* chez les autres candidats – et les (*petites et moyennes*) *entreprises*. A partir de la fin mars, ce dernier thème est même passé en première position - suivi de la critique de l'*Europe*. Dans les deux cas, la dimension critique l'emportait sur la mise en valeur du candidat et de son programme.

Les composants stylistiques et thématiques des communiqués de l'UMP confirment ce constat : en dehors d'une dizaine de jours – 11-23 mars - la campagne de N. Sarkozy n'a guère connu de renouvellements thématique et stylistique significatifs. Au contraire, on peut parler – à partir de la mi-mars - d'un repli de N. Sarkozy sur quelques thèmes classiques de la droite, faisant passer au second plan ses propositions plus novatrices.

Il s'agit de choix délibérés. Comme pour les communiqués émis par F. Hollande et son parti, le grand nombre apparent des signataires ne doit pas tromper. Cette communication a certainement été supervisée par un petit groupe soudé qui agissait en étroite relation avec le candidat et les responsables de sa campagne.

Conclusions

Les principaux candidats ont centré leur campagne sur la situation économique et financière du pays, l'emploi et le chômage et, secondairement sur les finances publiques. Faute d'un élément de comparaison, il est impossible de dire si cette insistance est nouvelle ou si ces thèmes sont au cœur de toute campagne électorale.

Pour le reste, ils ont traité un nombre assez grand de thèmes en se singularisant sur des aspects souvent mineurs (spécialement F. Hollande et N. Sarkozy). Cet éclatement a probablement entraîné un manque de visibilité des enjeux et contribué à une campagne terne, centrée sur les personnalités plus que sur les programmes.

De plus, ces candidats se sont tenus aux thèmes qu'ils s'étaient fixés au départ, sans y apporter de modifications importantes en cours de campagne, à part le tournant pris par N. Sarkozy lors de ses discours de Villepinte et de Strasbourg.

En dehors de la crise de l'euro et des attentats de Toulouse, ces deux discours ont été les seuls événements marquants de la campagne.

En ce qui concerne le style de la communication, les principaux candidats et leurs équipes ont privilégié la simplicité, la généralité et la répétition. A l'exception de M. Le Pen, ils ont adopté, dans leur discours et leurs entretiens, un vocabulaire peu diversifié et assez général, réservant le vocabulaire spécialisé aux communiqués. Les quatre candidats – spécialement F. Hollande et N. Sarkozy – et leurs équipes ont sélectionné quelques formules-clefs qu'ils ont répétées sans relâche. Cette répétition, alliée à la généralité des propos a peut-être généré monotonie et déception chez les auditeurs[1].

Enfin, F. Hollande est le seul à présenter des fluctuations stylistiques importantes, comme s'il avait eu du mal à apporter une marque personnelle sur le matériel préparé par ses collaborateurs. Les autres font preuve d'une stabilité remarquable qui suggère que leur communication a été confiée à un très petit nombre de collaborateurs sous une direction unique.

Au total, les candidats – spécialement les deux principaux – ont offert aux Français une communication très cadrée mais sans grand relief.

---

[1] Sur la déception des électeurs face à cette campagne, voir par exemple les analyses de B. Denni (2012a et 2012b).

Chapitre 8
La finale (22 avril-4 mai)

Le soir du 22 avril, F. Hollande (28,6% des suffrages exprimés) et N. Sarkozy (27,2%) sont qualifiés pour le second tour. C'était les deux finalistes annoncés, depuis 6 mois, par toutes les enquêtes d'opinion... La seule incertitude résidait dans l'ordre d'arrivée. N. Sarkozy était donc nettement distancé par F. Hollande dont la victoire au second tour apparaissait dès lors très probable. En quelque sorte, N. Sarkozy devenait le challenger et cette position a dominé la campagne de l'entre-deux-tours.

Les deux finalistes ont multiplié les grands rassemblements. N. Sarkozy a effectué un tour de France, prononçant 11 discours en 12 jours (en excluant le jour du débat télévisé), alors que F. Hollande en faisait 8. Ce fort engagement public est le fait marquant de l'entre-deux-tours. De plus, F. Hollande a tenu une conférence de presse quasiment de type présidentiel. Enfin l'attention des électeurs fut mobilisée par le duel télévisé qui attira 18 millions de téléspectateurs[1].

Quelle a été l'influence de cet ultime effort sur la communication des candidats ? Ceux-ci ont-ils infléchi leur thématique pour tenter de rallier les indécis ou de faire changer d'avis certains électeurs de leur rival ?

Pour répondre à ces questions, les deux semaines de la finale font d'abord l'objet d'une analyse de contenu puis la seconde partie compare les thèmes développés par les deux finalistes durant ces quinze jours avec leur thématique du premier tour.

Poursuite de la spirale de la négativité

L'analyse de contenu porte uniquement sur les communiqués émis par les candidats sur leurs sites personnels ainsi que sur les sites officiels du PS et de l'UMP. Elle montre une baisse relative de l'intensité de la communication des deux finalistes.

---
[1] Le texte du débat est inclus dans les discours et entretiens analysés. Il fera l'objet d'une analyse plus détaillée qui sera publiée ultérieurement.

Baisse de l'intensité de la communication

L'intensité de la communication des deux candidats durant l'entre-deux-tours est retracée dans le tableau 1 ci-dessous.

Tableau 1. Distribution des communiqués des candidats et de leur parti du 22 avril au 4 mai 2012. Nombre de communiqués et de mots.

	Candidats		Partis		Total	
	Nombre	Mots	Nombre	Mots	Nombre	Mots
Hollande & PS	20	7 116	33	9 759	53	16 935
Sarkozy & UMP	15	6 556	61	15 781	76	22 337

L'évaluation de cette intensité doit tenir compte de ce que la campagne du second tour se déroule sur deux semaines moins un jour puisque la dernière semaine s'arrête au vendredi minuit et non au samedi minuit pour les autres, soit un quatorzième de moins.

Sous cette réserve, il apparaît nettement que l'intensité de la communication – par communiqués - s'est réduite surtout en dernière semaine (graphiques 1 et 2).

Graphique 1. Distribution du nombre de communiqués des deux candidats finalistes et de leurs partis du 1er janvier au 4 mai 2012 (par semaine)

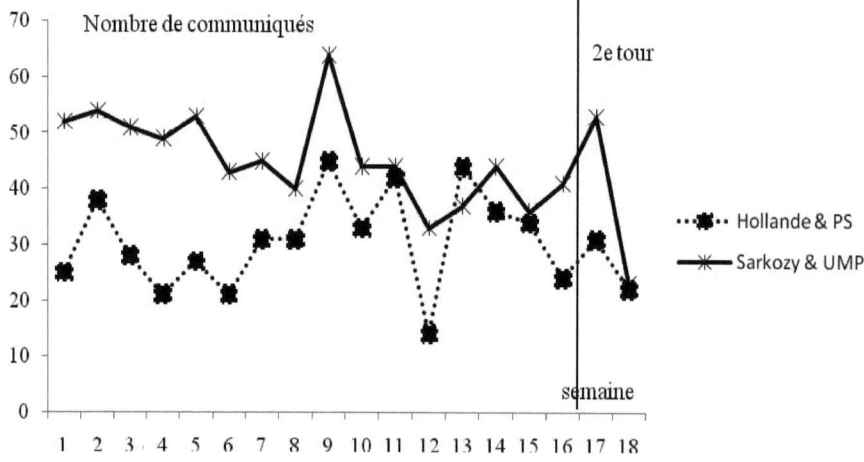

Graphique 2. Distribution du nombre de mots dans les communiqués des deux candidats finalistes et de leurs partis du 1er janvier au 4 mai 2012 (par semaine)

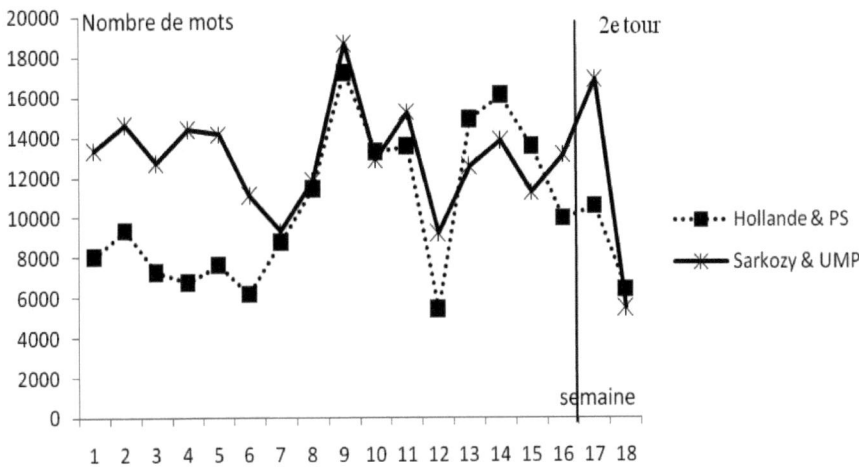

L'UMP a fait un ultime effort en avant-dernière semaine. Mais en moyenne, sur les deux semaines entre les deux tours, les deux équipes ont ralenti la cadence en produisant moins de communiqués de presse que durant la campagne du premier tour. Alors que la moyenne quotidienne de communiqués - émis durant la période du 1er janvier au 21 avril - était de 7,2 communiqués pour l'UMP, durant le 2e tour, elle a été réduite à 6 communiqués par jour. De plus, N. Sarkozy (lafranceforte.fr) a cessé presque complètement sa production.

On observe le même phénomène au PS qui produisait en moyenne 5,2 communiqués par jour avant le 1er tour et qui n'en a émis que 4,2 quotidiennement durant la période du 22 avril au 4 mai. Cette baisse d'intensité a été encore plus significative durant la dernière semaine de la campagne où cette proportion a chuté à 5.5 pour l'UMP et à 3,6 pour le PS.

Ce recul s'est accompagné d'un retour à une certaine sobriété que traduit bien le recul du nombre moyen de mots par communiqué (graphique 3).

Graphique 3. Évolution de la longueur moyenne des communiqués en mots du 1er janvier au 4 mai 2012 (par semaine)

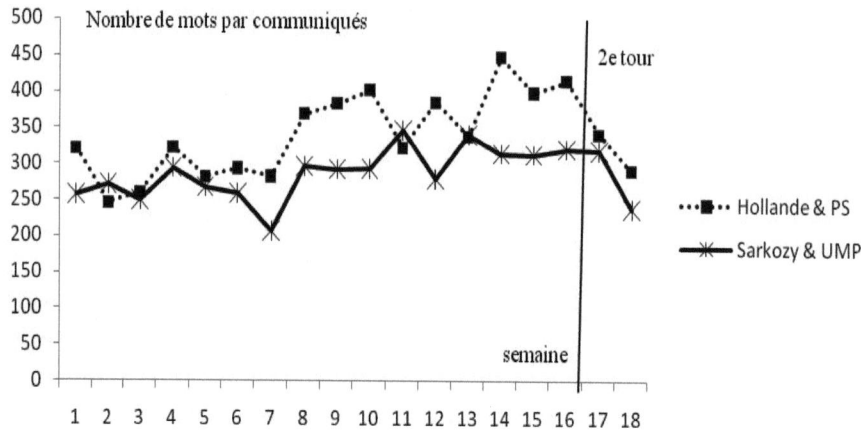

Alors que, jusqu'à la veille du premier tour, on assistait à une tendance assez régulière à l'allongement des communiqués - tendance que l'on retrouvait chez deux des autres principaux candidats (F. Bayrou et M. Le Pen) – les équipes des deux finalistes retrouvent pratiquement leur moyenne de départ (310 mots par communiqué pour le PS et 280 pour l'UMP). Cela ne tient pas à une conversion soudaine à plus de sobriété mais au fait que les textes polémiques sont plus brefs que les textes explicatifs et que les deux finalistes et leurs équipes ont fait le même choix en faveur d'un renforcement de la polémique.

Le renforcement de cette dimension polémique est confirmé par l'examen des indices de positivité et de négativité.

Renforcement de la négativité

Les deux graphiques qui suivent illustrent à la fois le renforcement de la dimension polémique entre les deux tours et les différences de choix stratégiques des deux candidats.

Pour les deux candidats, les indices de positivité sont particulièrement faibles et, dans le cas de N. Sarkozy, cet indice est encore plus faible que celui observé durant la campagne du 1er tour, à l'exception de la quatrième semaine – 22 au 28 janvier – durant laquelle l'UMP avait concentré ses tirs exclusivement sur le discours de F. Hollande au Bourget.

Graphique 4. Évolution de l'indice de positivité dans les communiqués des deux candidats finalistes et de leurs partis du 1ᵉʳ janvier au 4 mai 2012 (par semaine, % du total des phrases)

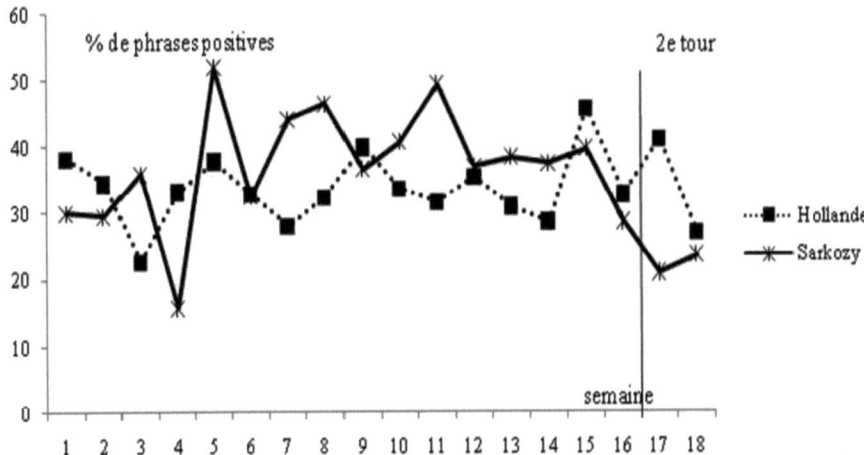

Graphique 5. Évolution de l'indice de négativité dans les communiqués des deux candidats finalistes et de leurs partis du 1ᵉʳ janvier au 4 mai 2012 (par semaine, % du total des phrases)

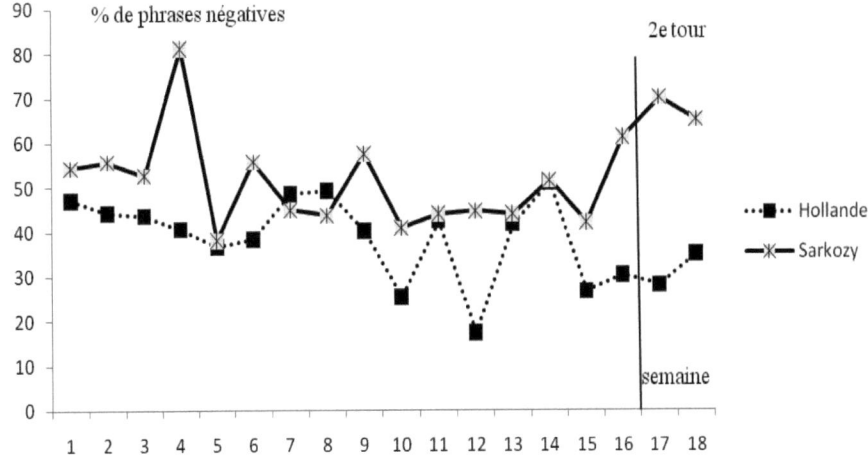

Par ailleurs, la proportion de phrases négatives s'est nettement accrue dans la communication du président, sans doute en lien avec son retard dans les sondages. Cependant, en dernière semaine, la communication de F. Hollande – très réduite en volume - fut plus apaisée ou moins offensive que durant la campagne du 1er tour, contrairement à celle du PS.

Dans la première semaine de l'entre-deux-tours, les communiqués de l'UMP ont principalement attaqué la "couardise" de F. Hollande qui a refusé de participer aux trois débats télévisés proposés par N. Sarkozy. 15 communiqués ont dénoncé la peur, la dérobade, la fuite, l'esquive, l'évitement du candidat socialiste. Les autres cibles de l'UMP ont été le droit de vote des étrangers (8 communiqués), l'immigration (5) et le laxisme des socialistes quant au port de la burqa (5).

Les axes de communication

Durant les deux semaines, il s'est produit des inflexions dans la distribution des composantes de la communication.

Dans les communiqués de N. Sarkozy et de l'UMP la critique atteint des niveaux inégalés (environ 70% des phrases sont destinées à attaquer F. Hollande). Seule la présentation du président et de ses qualités reste au niveau moyen de la campagne du 1er tour (près de 20% de la communication). La défense des réalisations, les annonces et les offres de politiques tombent à des niveaux extrêmement bas. Autrement dit, N. Sarkozy et son équipe ont estimé que le seul moyen de combler son retard dans les intentions de vote était de saper la crédibilité de son adversaire et de polariser le débat sur les hommes plus que sur les programmes.

Les communiqués émis par F. Hollande et le PS ont également connu quelques réajustements. Dans l'entre-deux-tours, la critique continue à dominer, mais F. Hollande et son parti ont mis aussi l'accent sur les déclarations d'appui de la part de féministes (25 avril), d'artistes et de sportifs de haut niveau (1er mai) et enfin sur celui émanant de 300 personnalités dites "de la société civile" : universitaires, chercheurs, médecins, etc. (3 mai). F. Hollande et le PS ont aussi insisté sur les annonces d'événements, donnant des consignes aux militants pour solliciter le vote des électeurs, comme dans le communiqué du 26 avril - qui annonçait une opération de porte-à-porte à travers la France "dans le but de convaincre le maximum d'électeurs" - ou celui du 29 avril - donnant l'agenda médiatique du candidat - ou, enfin, celui du 3 mai, décrivant l'organisation des 26 événements pour les 26 dernières heures de la campagne. Enfin, durant la dernière semaine de campagne, la communication a moins insisté sur la mise en valeur du candidat et de ses propositions.

Les analyses lexicométriques et thématiques permettent de préciser et de compléter cette première vue d'ensemble de la communication des candidats.

Faire campagne contre l'autre

L'analyse porte sur l'ensemble de la communication des deux candidats sortis en tête du vote du dimanche 22 avril : F. Hollande et N. Sarkozy. Pour la comparaison entre les deux tours. Les périodes sont les suivantes :

- 1er janvier – 22 avril 2012 pour les communiqués émis par le PS, par l'UMP et par l'équipe de F. Hollande ;

- 22 octobre 2011 - 22 avril 2012 : les discours et entretiens de F. Hollande depuis son investiture par le PS;

- 19 février - 22 avril pour les communiqués émis par N. Sarkozy sur son site lafranceforte.fr et pour ses discours et entretiens.

On examinera successivement la façon dont les deux finalistes se sont mis en valeur et ont critiqué l'autre puis leurs relations aux électeurs.

Mise en valeur de soi et critique des autres

Le programme informatique, déjà présenté, permet d'estimer la proportion des mots consacrés d'une part à la mise en valeur de soi, de ses idées, de son programme et de son action et d'autre part à la critique des autres et notamment à la critique explicite du rival, soit en le nommant, soit en utilisant des périphrases comme le *candidat sortant* ou le *candidat socialiste*.

Les résultats de ce calcul sont présentés dans le tableau 2 ci-dessous. Les communiqués sont distingués des discours et entretiens.

Tableau 2. Proportion du nombre de mots consacrés à la mise en valeur de soi et de son programme, à la critique de l'autre et notamment en le désignant explicitement (aux premier et second tours, en % du nombre de mots classés)

	Mise en valeur du candidat		Critique		dont critique explicite du rival	
	1er tour	2e tour	1er tour	2e tour	1er tour	2e tour
F. Hollande :						
communiqués	44,7	47,0	29,9	32,1	21,4	26,4
discours et entretiens	47,1	45,1	24,4	29,3	19,4	26,9
N. Sarkozy :						
communiqués	41,2	43,2	42,2	47,6	28,4	33,2
discours et entretiens	46,1	43,4	36,0	44,7	23,1	30,5

Ce tableau apporte une double information.

Les lignes indiquent le poids de chaque composante pour chaque candidat et chaque type de communication. Par exemple, pour la campagne du premier tour, les communiqués émis par le PS et par F. Hollande étaient consacrés pour 44,7% à la mise en valeur du candidat (de sa personne, de ses idées, de son programme) et, pour 29,9%, à la critique des autres (dont 21,4% visaient explicitement N. Sarkozy). Pour le second tour, ces proportions sont respectivement de 47% (mise en valeur), 32,1% (critique, dont 26,4% explicitement contre N. Sarkozy).

La lecture en colonne permet de comparer le poids d'une composante, pour chaque candidat et chaque vecteur. Par exemple, pour la campagne du 1er tour, la proportion consacrée à la mise en valeur du candidat et de son programme était de 44,7% dans les communiqués émis par F. Hollande et son parti, de 47,1% dans les discours et entretiens de F. Hollande. Ces proportions étaient de 41,2 et 46,1 chez l'UMP et N. Sarkozy, etc.

Pour juger de l'ampleur (et de la significativité) des variations, on utilise des tests statistiques standards[1]. Par exemple, l'application de ce raisonnement conduit à conclure que, pour la mise en valeur du candidat et de son programme (deux premières colonnes), les seuls écarts significatifs concernent très probablement (c'est-à-dire avec moins de 1% de chances d'erreur) :

- Pour la campagne du premier tour, tous les communiqués - de F. Hollande et du PS comme ceux de l'UMP et de N. Sarkozy - ont consacré moins de place à la mise en valeur que ne le faisaient ces mêmes candidats dans leurs interventions personnelles (discours et entretiens). Pour le second tour, cette différence n'existe plus.

- Les communiqués de l'UMP et de N. Sarkozy consacrent moins de place à la mise en valeur que ceux de F. Hollande et du PS (au premier comme au second tour). On vérifie ici l'une des principales conclusions de l'analyse de contenu. Dès le début janvier, l'UMP a misé sur le rejet de F. Hollande et de son programme. En revanche, l'écart entre les candidats n'est pas significatif pour les discours et entretiens : *au premier comme au second tour, F. Hollande et N. Sarkozy ont consacré la même proportion de leurs propos personnels à leur mise en valeur.*

- entre les deux tours, N. Sarkozy aurait diminué significativement la proportion de sa communication consacrée à la mise en valeur de sa personne, de son bilan et de ses projets. Le même mouvement a été signalé au début de ce chapitre à propos des communiqués.

En revanche, l'augmentation de la critique (colonne 3 et 4) est significative pour les 4 compartiments (en lignes comme en colonnes). D'une part, les communiqués sont systématiquement plus critiques que les discours et entretiens. D'autre part, *entre les deux tours, tant F. Hollande que N. Sarkozy ont significativement augmenté la proportion de leur communication* (communiqués comme discours) *consacrée à la critique et spécialement à la critique explicite de l'autre* (deux dernières colonnes).

---

[1] Pour le raisonnement et les calculs voir par exemple : Monière, Labbé & Labbé (2005) et Labbé & Labbé (2010). (documents consultables en ligne).

En définitive, on peut retenir que :

- les deux candidats sont en moyenne plus positifs et moins critiques, dans leurs discours et entretiens, que ne le sont les collaborateurs qui mettent en ligne les communiqués (soit sous le nom des candidats, soit sous celui de leurs partis). Ce système est classique : les seconds couteaux peuvent se montrer plus agressifs que leurs commanditaires.

- N. Sarkozy et ses collaborateurs ont été systématiquement plus critiques que leurs adversaires socialistes. On rappellera à ce propos que, lors de la campagne du 1er tour, tous les candidats, sauf F. Bayrou, ont tenu un discours surtout négatif...

- entre les deux tours, les communiqués des deux camps redoublent à la fois en louanges et en critiques. Il se produit donc une sorte de polarisation sur les personnes. Cette polarisation était en œuvre avant le premier tour. Les critiques personnalisées de F. Hollande – contre N. Sarkozy - ont augmenté depuis le début mars et cette tendance s'est encore accentuée entre les deux tours. A l'inverse, chez N. Sarkozy, l'entrée en campagne du candidat puis les événements de Toulouse avaient entraîné une relative dépersonnalisation des critiques. La fin de la campagne du 1er tour et surtout celle du second ont ramené l'agressivité au niveau du début janvier mais elles ont aussi donné une importance plus grande à la mise en valeur de N. Sarkozy. Cependant, jusqu'à la fin, dans la communication du président, la critique l'a nettement emporté sur la mise en valeur.

Enfin, *la critique explicite - désignant l'adversaire nommément ou par une formule transparente – est autant pratiquée par un camp que par l'autre*. Autrement dit, chez N. Sarkozy, tout particulièrement dans ses discours, une proportion notable des critiques est non personnelle (les médias, les intellectuels, le système...) et cette critique impersonnelle augmente légèrement entre les deux tours, alors que, chez F. Hollande, elle vise surtout N. Sarkozy, et ceci dès son investiture par le PS (octobre 2011).

Ces constats posent des questions plus générales : quelle est la place que le candidat se donne dans sa communication ? Quelles relations entretient-il avec les autres et spécialement les électeurs ?

L'analyse de l'énonciation permet d'appréhender plus finement ces relations[1].

Moi, vous et les autres

On relève les différentes marques désignant le sujet seul ou inclus avec d'autres – première personne du singulier et du pluriel – les destinataires – *vous* – et les tiers, *on* ou *il(s)*. L'analyse ne porte que sur les discours et entretiens des deux candidats puisque, par définition, les communiqués sont impersonnels. Les principaux résultats sont résumés dans le tableau ci-dessous.

Tableau 3. Poids des marques de personne dans les discours des deux finalistes (1er et second tour, densités en ‰ mots)

F. Hollande	Premier tour	Deuxième tour	Variation entre 1er et 2nd tour (%)
je	17,8	30,2	+70
nous	12,9	14,1	+10
vous	4,6	10,2	+123
il	15,6	18,5	+18
on	2,7	2,9	+7
Total	53,6	75,9	+42
N. Sarkozy			
je	21,5	31,6	+47
nous	14,4	12,9	-10
vous	8,8	13,1	+49
il	12,9	13,7	+6
on	8,7	8,0	-8
Total	66,3	79,4	+ 20

La ligne total permet de constater que, durant la campagne du premier tour, les propos de F. Hollande sont nettement moins tendus que ceux de N. Sarkozy. Lorsque le président emploie 100 marques de personne, F. Hollande n'en utilise que 81. Pour la campagne du second tour, cette différence disparaît quasiment car F. Hollande

---

[1] Voir chapitre 5 (Moi et les autres).

change de stratégie et tient des propos très personnalisés (la tension augmente de 42% contre +20% chez N. Sarkozy).

Il y a deux manières de s'adresser à un auditoire : l'interpeller (*je-vous*) ou l'inclure dans le propos (*nous*).

La tension inclusive (*nous*) est pratiquement égale chez les deux hommes et ne change guère entre les deux tours.

En revanche, la tension interpellatrice augmente considérablement entre les deux tours chez les deux candidats. Chez Hollande, la densité du *je* croît de 70% et celle du *vous* fait plus que doubler. Chez N. Sarkozy – chez qui, au premier tour, cette tension était nettement plus forte que chez F. Hollande – *je* et *vous* augmentent pratiquement de 50%. Ceci réduit sensiblement l'écart entre les deux hommes et le ramène juste au seuil de significativité, ce qui suggère que, pour la campagne du 2nd tour, F. Hollande dit à peu près autant *je* et *vous* que N. Sarkozy (il faudrait sans doute nuancer ce point en tenant compte du débat).

Il reste une différence notable entre les deux hommes. F. Hollande a choisi le "il" pour désigner son concurrent (et diverses formules comme "le candidat sortant"). N. Sarkozy utilise surtout "on"[1] parce qu'une partie notable de sa critique est "impersonnelle" (les médias, les intellectuels, la pensée unique qui seraient contre lui). A l'inverse, F. Hollande utilise très peu cet "impersonnel" parce que sa critique est explicitement dirigée contre le président sortant et son bilan et non contre le "système".

Les principaux thèmes de l'entre-deux-tours

Cette section vise à répondre à la question suivante : pendant la campagne du second tour, quels ont été les principaux thèmes développés par les deux finalistes ? Les statistiques portent sur l'ensemble des communiqués et discours regroupés par candidat et par tour.

Les résultats du décompte automatique des thèmes sont présentés dans les graphiques ci-dessous et les tableaux en annexe. Comme dans les deux chapitres précédents, on distingue 5 thèmes

---

[1] Voir le contenu précis de ce "on" décrit dans le chapitre 4.

"transversaux" (utilisés par tous les candidats et couvrant plusieurs idées) et un certain nombre de thèmes "spécifiques".

Les principaux thèmes transversaux

Le poids relatif des principaux thèmes transversaux est présenté dans le graphique ci-dessous construit selon les mêmes principes que les précédents.

Graphique 6. Les six principaux thèmes transversaux chez les deux finalistes aux premier et second tours (rapport à la moyenne)

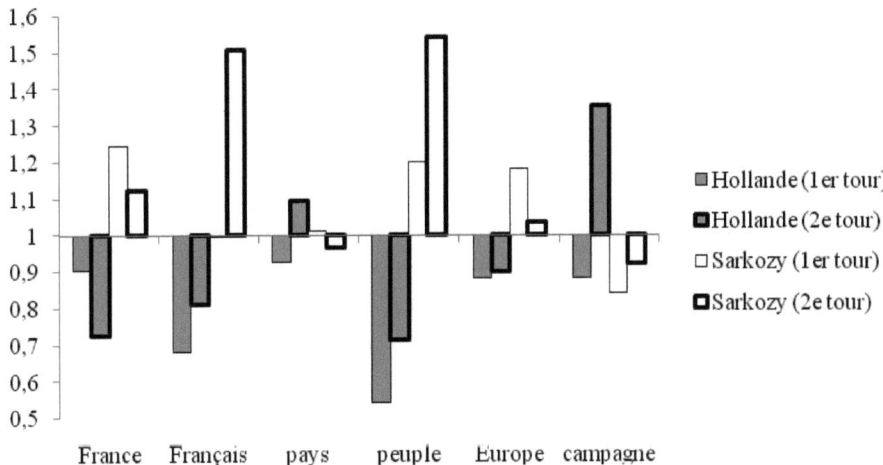

Comme indiqué précédemment, en dehors du *pays* et de la *campagne électorale*, F. Hollande traite nettement moins ces thèmes transversaux, contrairement à N. Sarkozy qui a centré sa campagne sur eux, à partir de son meeting de Villepinte (11 mars). Entre les deux tours, les deux hommes ont les mêmes réactions (parler un peu moins de la *France* et un peu plus des *Français*). Chez F. Hollande particulièrement, *Français* est un synonyme de "électeurs". Entre les deux tours, le mouvement en faveur de ce mot est nettement plus ample chez N. Sarkozy, mouvement qui est à mettre en relation avec celui portant sur *peuple*.

En effet, le clivage le plus frappant porte sur le *peuple*. N. Sarkozy en parle deux fois plus que F. Hollande qui, tout au long de sa campagne, a marqué une forte réticence envers ce thème contrairement à N. Sarkozy (du moins à partir de son discours de Villepinte).

Une autre différence porte sur l'*Europe*. En janvier et février, F. Hollande a parlé sans réticence de ce thème. C'était même F. Hollande qui en parlait le plus. Depuis, il l'a un peu délaissé alors que l'Europe était attaquée avec une vigueur croissante par N. Sarkozy – surtout après son discours de Strasbourg (22 mars) et par M. Le Pen.

Une autre différence intéressante porte sur la *campagne électorale* : plus l'échéance approche, plus la campagne – et notamment l'incitation à voter et à faire *voter pour le changement* - tient de place dans le discours de F. Hollande – au point de devenir son premier thème avec deux fois plus d'importance que chez N. Sarkozy.

Les thèmes spécifiques

Les tableaux complets sont placés en annexe. La dernière colonne de ces tableaux indique le sens de l'évolution entre les deux tours et son ampleur. Rappelons que le mouvement n'est statistiquement significatif que lorsqu'il atteint une certaine ampleur et que, en dessous d'un certain seuil, la stabilité est l'hypothèse la plus raisonnable. Le tableau ci-dessous récapitule ces mouvements qui sont commentés plus bas.

Quelques grands thèmes sont traités par les deux candidats. Il s'agit (par ordre décroissant d'importance) de : l'*économie*, la situation des *finances publiques*, le *travail* et l'*emploi*, l'*immigration*, l'*éducation*, la *sécurité* et la *jeunesse*. Leurs poids relatifs et leurs évolutions entre les deux tours sont retracés dans le graphique ci-dessous.

Il faut se souvenir que, pour la campagne du premier tour, les quatre candidats - pour lesquels l'analyse était possible (F. Bayrou, F. Hollande, M. Le Pen et N. Sarkozy) - ont donné la première place à la situation économique du pays et lui ont consacré la même proportion de leurs communications. Naturellement, chacun l'a traitée d'une manière différente, mais le fait principal n'en reste pas moins : tous ont jugé que cette situation devait être placée au cœur de la campagne.

Tableau 4. Classement des principaux thèmes en fonction de leur évolution entre les deux tours et de leurs poids respectifs dans l'ensemble de la communication des deux candidats

	F. Hollande	N. Sarkozy
Recul	éducation (-36%), culture (-22), PME (-32%), sécurité (-15), retraites (-27), formation (-26), sport, logement (-60%), revenus (-19), famille, classes moyennes et populaires (-30%)	éducation (-51%), Europe (-11%), jeunesse (-26%), travail (-29%),
Stable (± 10%)	économie, emploi-chômage, Europe, finances publiques, jeunesse, fiscalité, justice, quartier, environnement, femmes, agriculture	PME, crise, chômage, famille, sécurité, agriculture, logement, femme, retraite
Augmentation	immigration (+69%), collectivités locales (+18%), travail (+31%)	immigration (+90%), finances publiques (+14), fiscalité (+15%), revenus (+30), nucléaire

Graphique 7. Poids relatif des principaux thèmes chez les deux finalistes aux premier et second tours (par rapport à la moyenne)

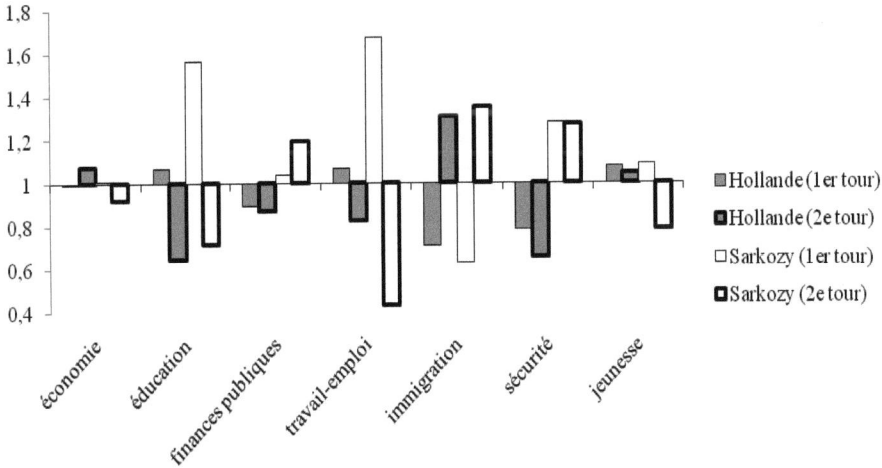

Au second tour, le phénomène se reproduit : à ± 5%, les deux candidats consacrent une proportion identique de leur communication

à cette situation économique – F. Hollande sous le thème du "bilan", N. Sarkozy sous celui des "crises" et de leur "violence inouïe".

Pour le reste, on peut distinguer trois situations :

Premièrement, les thèmes qui diminuent chez les deux : l'*éducation* – qui avait tenu une grande place durant la campagne du premier tour – connaît un très fort recul – plus fort chez F. Hollande ; le *travail* et l'*emploi* – qui avaient aussi été l'un des thèmes privilégiés par N. Sarkozy au début de sa campagne – reculent fortement chez les deux, comme s'ils avouaient ainsi une même impuissance. L'insistance se porte principalement sur le *chômage* : bilan (négatif) du président (chez F. Hollande) ; conséquence inéluctable du *programme socialiste* (chez N. Sarkozy)... La *jeunesse*, mais le recul est plus net chez N. Sarkozy, comme s'il avait fait son deuil de cette catégorie qui avait pourtant assuré son succès en 2007.

Deuxièmement, des choix divergents : N. Sarkozy appuie sur le thème des *finances publiques* et du *déficit* – pour critiquer F. Hollande alors que ce dernier diminue légèrement le poids de ce thème (dans ses propos sur le *bilan*)... N. Sarkozy parle plus de la *sécurité* alors que F. Hollande a choisi de faire l'impasse sur le thème. Non seulement il y consacre moitié moins de temps que son rival, mais il diminue encore son importance entre les deux tours.

Troisièmement, l'*immigration* explose littéralement : + 69% chez F. Hollande – elle devient le troisième thème derrière l'*économie* et l'*emploi* - et + 90% chez N. Sarkozy (chez qui elle passe du 14e au 6e rang, juste derrière l'*Europe*).

L'insistance de N. Sarkozy sur ce thème, entre les deux tours, a beaucoup été notée et commentée, mais moins celle de F. Hollande pourtant tout aussi spectaculaire. Ce qui frappe d'abord, tout au long de la campagne, c'est une proximité relative de ce thème chez les deux candidats, proximité qui se marque d'abord par les deux syntagmes les plus fortement associés, chez les deux, à *immigration* : *il faut réduire, il faut maîtriser...*

Dès le début de sa campagne, F. Hollande a utilisé ce thème pour illustrer l'*échec* du président. Entre les deux tours, il a répété que, après l'économie et l'emploi, l'immigration est le principal *échec* de N. Sarkozy. De plus, il a aussi choisi de s'expliquer longuement sur les *régularisations* - pour les minimiser et souligner qu'il s'agit de faire de manière transparente ce qui est fait, depuis 10 ans, de manière arbitraire -, d'afficher sa volonté de *limiter l'immigration économique à 30 000 personnes par an*, sa détermination à *lutter contre l'immigration illégale*, contre le *port de la burqa*, contre la *viande Hallal* dans les cantines scolaires, contre les horaires réservés aux femmes dans les équipements publics, etc.

Cependant, les candidats affichent des différences. N. Sarkozy met en relation l'immigration avec le *contrôle des frontières*, le danger du *communautarisme* avec *l'équilibre des comptes sociaux* alors que F. Hollande évite soigneusement ces trois thèmes. Surtout, F. Hollande se prononce en faveur du *droit de vote* des résidents étrangers non-communautaires aux élections municipales, ce que refuse N. Sarkozy...

Voici les phrases les plus caractéristiques sur le thème de l'immigration chez les deux candidats.

> Depuis dix ans - dix ans ! six lois - six lois ! sur *l'immigration* ont été votées, et chaque fois on nous en annonce une nouvelle sans qu'elle ait plus d'effet, si ce n'est de créer l'incertitude et l'insécurité - sans d'ailleurs ralentir le nombre d'*immigrés* en situation régulière qui viennent sur notre territoire, et sans lutter vraiment contre *l'immigration clandestine*. (F. Hollande, 8 mars 2012)

> L'*immigration* zéro ça n'existe pas, la meilleure preuve c'est que depuis 10 ans, je dis bien 10 ans que la droite est au pouvoir, l'*immigration* légale (comme vous dites, c'est la bonne expression) a augmenté de 200 000 par an (F. Hollande, 29 avril 2012)

> Et donc je ne réduis pas les étudiants étrangers ; deuxièmement, l'*immigration* économique, [sera limitée à] 30 000, Nicolas Sarkozy voulait qu'il y en ait 100 000, 100 000 vous m'entendez, dans la campagne de 2007, c'était *l'immigration* choisie ... (F. Hollande, 30 avril 2012)

> Mais je veux, avec la même force, qu'on me laisse dire que si l'*immigration* peut être un atout, *l'immigration* peut aussi être un problème et que contester l'idée que *l'immigration* peut être un problème, c'est contester la réalité que vivent ceux de nos compatriotes qui souffrent et c'est les pousser dans les bras de l'abstention ou des extrêmes. (N. Sarkozy, 17 avril 2012)

> Alors j'ai annoncé que pour refaire repartir la machine à intégrer on divisera par deux pour les cinq années qui viennent le nombre de gens qu'on accueille mais que par ailleurs pour maintenir l'équilibre de nos comptes sociaux je ne peux pas dire aux Français " faites des efforts " et par ailleurs accepter une *immigration* qui ne serait motivée que par le seul attrait des prestations sociales françaises qui sont les plus généreuses d'Europe ! (N. Sarkozy, 16 avril 2012)

L'espace Schengen a deux faiblesses : l'insuffisante protection des frontières extérieures, notamment en ce moment la frontière entre la Turquie et la Grèce ; l'absence de convergence entre les politiques d'asile et d'*immigration* des pays de la zone Schengen qui fait que toutes les faiblesses de chaque législation s'additionnent pour exercer un pouvoir d'attraction très fort sur les *migrations* illégales dans tous les pays de la zone. (N. Sarkozy, 10 avril 2012)

Ces phrases appellent deux remarques supplémentaires :

- les trois citations les plus caractéristiques de N. Sarkozy datent d'avant le 1er tour. Cela est vrai également pour l'une de F. Hollande.

- F. Hollande utilise surtout ce thème pour instruire le procès de N. Sarkozy. Son propos essentiel : *N. Sarkozy avait promis et n'a pas tenu…*

Tous deux avaient déjà fixé le contenu de ce thème avant le premier tour. Entre les deux tours, ils n'ont rien changé d'important dans ce contenu, mais ils ont choisi, tous les deux, de lui donner beaucoup plus d'importance. Est-ce parce qu'ils regardaient vers les mêmes électeurs ?

Conclusions

La campagne du second tour a été dominée par la poursuite et, même, par l'intensification de la spirale de la négativité qui avait dominé celle du premier tour. En effet, les deux finalistes (et surtout leurs équipes) ont consacré une proportion croissante de leur communication à critiquer l'autre, plutôt qu'à mettre en valeur leur propre candidature et leurs projets. Cependant, comme lors de la campagne du premier tour, N. Sarkozy, et surtout l'UMP, ont été nettement plus critiques, alors que F. Hollande et le PS donnaient une place plus importante à la campagne électorale et à la mobilisation des électeurs.

La campagne du second tour a été fortement personnalisée et, conséquence de la spirale de la négativité, les deux candidats ont privilégié l'interpellation de l'adversaire et de l'auditoire (*je-vous*) plutôt que la relation inclusive (*nous*).

La *situation économique et financière* ainsi que le *chômage* ont continué à dominer la communication des deux candidats. Ils ont tous les deux réduit la place de certains thèmes qu'ils privilégiaient avant le premier tour, comme l'*éducation*, la *culture*, les *PME*, le *travail*. F. Hollande a également moins parlé des *retraites*, de la *formation*, du *logement*, de la *situation des classes moyennes et populaires*. N. Sarkozy a fait l'impasse sur la *jeunesse*.

Les deux candidats ont beaucoup plus parlé de l'*immigration*. F. Hollande a estimé que c'est l'un des principaux *échecs* de N. Sarkozy. Celui-ci a souligné l'importance des *frontières* et le danger *communautaire*. Les deux candidats se sont surtout opposés à propos du *droit de vote* des étrangers non-communautaires aux élections municipales.

Enfin, si N. Sarkozy s'adressait beaucoup au *peuple*, F. Hollande a préféré éviter ce thème. En revanche, au second tour par rapport au premier, les deux candidats ont donné plus d'importance au *pays* et aux *Français*.

Ces thèmes (*immigration*, *Français*, *pays*, *peuple*) étaient – avec la critique de l'*Europe* – ceux que privilégiaient M. Le Pen. Malgré son élimination au premier tour, la candidate du FN aura donc dominé les débats du second tour.

Conclusion

Le résultat de l'élection présidentielle de 2012 ne comporte apparemment aucune surprise. Depuis son investiture par le PS, six mois avant le deuxième tour, F. Hollande était déjà le favori des sondages face à N. Sarkozy et il n'a jamais quitté cette position. Cette élection se singularise également par rapport aux précédentes par sa durée, par l'intensité de la communication et par la spirale de la négativité qui a été entretenue essentiellement par les deux finalistes.

Une intensité exceptionnelle

Pour mesurer cette intensité, on dispose d'un point de comparaison : le corpus des discours et entretiens des principaux candidats en 2007[1].

Deux candidats étaient déjà présents lors de cette élection : F. Bayrou et N. Sarkozy. Le premier a augmenté le nombre de ses meetings et entretiens. En nombre de mots cela s'est traduit par une hausse de 15%. Malgré la brièveté de sa campagne, N. Sarkozy a lui aussi augmenté le nombre de mots prononcés durant la campagne de 2012 : +21% par rapport à 2007.

M. Le Pen a tenu plus de réunions publiques que son père cinq ans auparavant, mais une bonne partie des textes de ses discours n'ont pas été mis en ligne, de telle sorte que le nombre de mots effectivement diffusés ne semble pas augmenter.

Enfin, l'augmentation de l'intensité est surtout frappante pour F. Hollande comparé à S. Royal. A partir de l'investiture par le PS, F. Hollande a prononcé plus du double de mots par rapport à ce qu'avait fait S. Royal sur la même période en 2007 (exactement +123%).

Au total, les 5 principaux candidats à l'élection présidentielle de 2012 ont émis 2 241 messages, soit au total : 1,774 millions de mots.

Dans cet océan, la statistique lexicale permet de retrouver les principales caractéristiques du vocabulaire, des thèmes, du style et des choix de communication de chaque candidat. Certes, on pourra

---

[1] Labbé & Monière 2008a.

toujours prétendre *a posteriori* que certaines conclusions présentées dans ce livre sont intuitivement évidentes. Mais l'intérêt essentiel de l'analyse de contenu et de la lexicométrie est de fournir des données fondées sur une démarche sans *a priori*, transparente, vérifiable et reproductible.

Naturellement, ces méthodes ont un coût : il faut que les textes aient été soigneusement corrigés, balisés et que les graphies des mots soient standardisées. Ceci fait, les automates replacent chaque mot dans le lexique de la langue française puis ils en recherchent le (ou les) sens singulier(s) dans le corpus étudié (syntagmes, synonymes, antonymes, citations caractéristiques...) Cela permet d'établir objectivement le vocabulaire, le style, la thématique d'un auteur ou d'un groupe d'auteurs, d'un genre ou d'une époque. La lexicométrie offre donc des outils précieux non seulement aux historiens, aux politistes mais aussi, plus largement, à tous les chercheurs qui analysent les textes et le langage.

Dans le cadre restreint de cet ouvrage, il n'était pas possible de présenter tous les résultats. Nous avons limité cette présentation à quelques approches novatrices concernant les choix de communication des candidats : l'intensité de la communication, le rapport à soi, aux adversaires et aux électeurs – notamment le dosage entre la mise en valeur du locuteur et la critique de ses concurrents –, les principaux thèmes, leurs contenus, leurs poids dans les différents types de messages, et leurs évolutions durant la campagne.

Outre l'intensité de la campagne, la présente analyse conduit à trois conclusions principales. Deux concernent la campagne de 2012 (la stabilité des thématiques et les principaux axes de communication). La dernière porte sur l'importance de la négativité dans les campagnes électorales récentes.

La stabilité des thématiques

M. Le Pen s'est singularisée en plaçant la *France*, les *Français*, la *nation*, le *peuple*, le *pays* et le rejet de l'*Europe* au cœur de sa campagne. Seul N. Sarkozy l'a suivie sur ce terrain à partir de la mi-mars (discours de Villepinte). En dehors de ce tournant, nos analyses montrent une stabilité relative des thématiques des candidats, dominées par les questions économiques et financières, l'emploi, l'éducation – en début de campagne - et la mise en question de l'Europe (en fin de campagne). En définitive, à l'exception de J.-L. Mélenchon, dès leur entrée en campagne, les principaux candidats avaient défini leurs thématiques ainsi qu'un plan de communication auxquels ils se sont tenus.

On peut résumer d'une formule le point fort de cette thématique chez les quatre candidats pour lesquels on dispose d'un matériel suffisant :

François Bayrou : *Produire et acheter en France*

F. Hollande : *Il faut changer* (de président)

M. Le Pen : *Défendre la France contre l'Europe, l'immigration et l'insécurité*

N. Sarkozy : *Moi, je protège la France et les Français contre la crise.*

Les axes de communication

Deuxièmement, nos études permettent de mettre en valeur les lignes de force des communications, lignes difficiles à percevoir dans l'océan des messages émis par les principaux candidats. Autrement dit, on peut connaître maintenant avec exactitude la teneur de ce qu'ont dit les principaux candidats. Mais cette connaissance ne permet pas de déterminer quelle a été la stratégie de communication "gagnante" ni l'influence de telle ou telle "petite phrase". Il faudrait pour cela étudier aussi la manière dont les messages sont repris par les médias[1], reçus et compris par les électeurs. Faute de moyens, cette étude n'a pu être réalisée, en 2007 comme en 2012. Il reste à souhaiter qu'elle le sera en 2017…

Cependant, notre étude suggère la sensibilité, aux enquêtes d'opinion, de certains hommes politiques et de leurs équipes. Par exemple, cette sensibilité peut expliquer l'intérêt soudain de certains candidats envers la jeunesse, le tournant de N. Sarkozy à Villepinte ou l'insistance des deux finalistes du second tour sur certains thèmes -

---

[1] Quelques éléments à propos de la campagne de 2007 dans : Veyrat-Masson 2011.

notamment l'immigration – qui avaient été ceux de M. Le Pen durant toute sa campagne.

En définitive, la candidate du FN a imposé certains de ses thèmes aux autres candidats – sauf F. Bayrou – et, malgré son élimination au premier tour, elle a dominé les débats du second tour.

La spirale de la négativité

La troisième conclusion concerne l'importance de la négativité dans la campagne de 2012.

Lors des élections, les candidats ont le choix entre deux formules. D'une part, ils peuvent dire à leurs compatriotes : "votez pour moi". Dans ce cas, l'essentiel de leur propos est consacré à leurs projets pour l'avenir et à la manière dont ils entendent servir le pays. Par force, leur discours sera dominé par l'explication. D'autre part, ils peuvent construire leur campagne sur le thème principal : "Ne votez pas pour l'autre". Dans ce cas, les discours serviront essentiellement à montrer en quoi confier le pouvoir à leur(s) adversaire(s) serait catastrophique pour le pays. Ils seront dominés par la polémique.

A part F. Bayrou qui a choisi l'explication, la communication des quatre autres principaux candidats (F. Hollande, M. Le Pen, J.-L. Mélenchon et N. Sarkozy) a été dominée par le registre polémique. En conséquence, les Français – du moins ceux qui ont suivi la campagne électorale – ont été soumis à un véritable feu roulant de critiques mutuelles qui a probablement rendu difficilement audibles les programmes et les projets.

Cette spirale de la négativité existe depuis plus d'une vingtaine d'années en Amérique du Nord. Il est difficile de dire quand elle s'est introduite en France. Il est certain que, par rapport à la campagne présidentielle de 2007, celle de 2012 a été marquée par une agressivité nettement plus forte entre les principaux candidats. La mention de l'adversaire – en le nommant ou en le désignant par une formule transparente – est le principal indice de cette agressivité. Les communiqués sont le principal vecteur des attaques mais ces textes n'ont jamais été étudiés dans le passé. La comparaison est donc limitée aux discours et aux entretiens des principaux candidats. Or dans ces discours et entretiens, le nombre des mentions des adversaires augmente de 125% entre 2007 et 2012.

En 2012 comme en 2007, la palme revient aux Le Pen. Marine a fait en moyenne 12,8 mentions à un adversaire tous les 10 000 mots contre 11,7 pour son père cinq ans plus tôt, mais surtout elle a concentré ses coups contre N. Sarkozy.

F. Bayrou est le plus sobre mais il double le nombre des références personnelles par rapport à ses discours de 2007 et il polarise ses attaques contre F. Hollande et N. Sarkozy (nommés autant l'un que l'autre et, la plupart du temps, dans les mêmes phrases).

Par rapport à S. Royal, F. Hollande triple le nombre des références personnelles et, surtout, il les concentre sur N. Sarkozy (5,8 mentions pour 10 000 mots au lieu de 1,7 chez S. Royal en 2007).

Enfin N. Sarkozy fait plus que tripler ces mêmes références et celles contre son adversaire socialiste passent de 2,2 pour 10 000 mots (S. Royal en 2007) à 7,1 contre Hollande en 2012.

L'agressivité est donc bien une caractéristique nouvelle par rapport à 2007 et spécialement entre les deux candidats en tête des sondages. Toutefois, on pourrait objecter que le discours politique, dans le cadre d'un régime de concurrence, est condamné à être polémique. Dans cette optique, les invectives de 2012 seraient plutôt dans l'ordre des choses et la relative courtoisie des précédentes campagnes présidentielles – notamment celle de 2007 – ne représenterait qu'un mince vernis sans importance.

Cette spirale de la négativité peut sans doute être reliée à quelques phénomènes électoraux plus ou moins récents. Ainsi les électeurs semblent devenus versatiles, ils changent facilement d'allégeance partisane et surtout, ils font leur choix de plus en plus tardivement, ce qui amplifie l'influence des facteurs à court terme. Comme les citoyens ne croient plus à l'efficacité de l'action politique et aux engagements électoraux, ils sont moins sensibles aux offres de politiques et aux débats d'idées. Leurs critères de choix se fonderaient plus sur des perceptions affectives que sur des motifs rationnels. Cette tendance serait amplifiée par les médias qui, du fait de leur concurrence, sont portés à insister sur les aspects les plus spectaculaires, ce qui crée un climat favorable aux attaques et aux dénonciations. La généralisation des campagnes négatives serait aussi reliée au fait que les électeurs accordent plus d'attention aux messages négatifs, qu'ils les assimilent plus facilement et s'en rappellent plus longtemps. Cet effet de rétention affecterait surtout les électeurs ayant un faible niveau d'information politique et chez lesquels les critères affectifs pèseraient lourd dans leurs choix électoraux. L'élection présidentielle de 2012 confirmerait la prédominance de la polémique, sur le contenu positif, dans l'élaboration des stratégies de communication. Il s'agirait d'obtenir le vote des électeurs en stimulant un rejet plutôt qu'une adhésion.

Remerciements

Les analyses présentées dans ce livre ont été réalisées dans le cadre de l'opération "Triélec 2012" organisée par les laboratoires Pacte (Grenoble), Centre Émile Durkheim (Bordeaux) et Centre d'études européennes (Paris). La communication des candidats a fait l'objet de onze "Radioscopies" publiées du 10 février au 4 mai 2012 et consultables sur le site HAL-SHS (archives ouvertes du CNRS).

Denis Monière a pu effectuer cette recherche grâce à l'invitation de l'Institut d'Études Politiques de Grenoble et du laboratoire Pacte.

Les programmes informatiques ont été réalisés avec l'aide de Cyril Labbé (Laboratoire d'Informatique de Grenoble – Université Joseph Fourier).

Bernard Denni (Pacte) et Jacques Savoy (Université de Neuchâtel) ont relu les *Radioscopies* et ils ont fait de très utiles commentaires de forme et de fond.

Annie-Claude Salomon (Pacte) a assuré la mise en ligne des *Radioscopies*.

Bibliographie

La plupart des travaux de C., D. Labbé et D. Monière sont consultables en ligne sur le site "archives ouvertes" du CNRS (halshs.archives-ouvertes.fr/).

Arnold Edward (2005). "Le discours de Tony Blair". *Corpus*, 4, 55-78.

Ansolabehere Stephen & Iyengar Shanto (1995). *Going Negative*. New York : Free Press.

Bacot Paul & Al. (2010). "Le discours politique n'est pas transparent. Permanence et transformations d'un objet de recherche". *Mots. Les langages du politique*, 94, 47-56.

Bardin Laurence (1991), *L'analyse de contenu*, Paris, PUF.

Benveniste Émile (1966a). "La nature des pronoms". *Problèmes de linguistique générale*. Paris : Gallimard, I, 251-257.

Benveniste, Émile (1966b). "La phrase nominale". *Problèmes de linguistique générale*. Paris : Gallimard, I, 151-167.

Benveniste, Émile (1966c). "De la subjectivité dans le langage", *Problèmes de linguistique générale*, Paris, Gallimard.

Benveniste Emile (1966 & 1970). *Problèmes de linguistique générale*. Paris, Gallimard (rééd. 1980).

Blumenthal Peter & Hausmann Franz J. Eds (2006). "Collocations, corpus, dictionnaires". *Langue française*, 150, juin 2006.

Bolasco Sergio & Al. Eds (1995). *III Giornateinternazionali di Analisi Statistica dei Dati Testuali*. Rome : Centro d'Informazione e stampa Universitaria,

Bolasco Sergio & Al. Eds (2010). *Proceedings of 10th International Conference Statistical Analysis of Textual Data*. Rome : Edizioni Universitarie di Lettere Economia Diritto.

Braud Philippe (2010). "L'apport de la science politique à l'étude des langages du politique". *Mots. Les langages du politique*. 94, 143-154.

Brugidou Mathieu (1995). *L'élection présidentielle : discours et enjeux politiques. Une analyse comparée*. Paris : l'Harmattan.

Cotteret Jean-Marie & Al. (1976). *Giscard d'Estaing, Mitterrand, 54 774 mots pour convaincre*. Paris : PUF.

Cressot Marcel (1963). *Le style et ses techniques.* Paris : PUF (1ère édition : 1947).

Delporte Christian (2009). *Une histoire de la langue de bois.* Paris : Flammarion.

Delporte Christian (2012). *Les grands débats politiques. Ces émissions qui ont fait l'opinion.* Paris : Flammarion.

Denni Bernard (2012a). *La précampagne déçoit les électeurs.* Note publiée sur www.trielec 2012.fr le 6 mars 2012.

Denni Bernard (2012b). *Des électeurs toujours attentifs mais perplexes et inégalement mobilisés.* Note publiée sur www.trielec 2012.fr le 8 avril 2012.

Dubois Jacques (1962*).* *Le Vocabulaire politique et social en France de 1869 à 1872.* Paris : Larousse.

Guiraud Pierre (1950). *Les caractères statistiques du vocabulaire.* Paris : PUF.

Guiraud Pierre (1960). *Problèmes et méthodes de la statistique linguistique.* Paris : PUF.

Hansen Kasper M. & Pedersen Rasmus T. (2008). "Negative Campaigning in a Multiparty System". *Scandinavian Political Studie*s. 31-4, 408-427.

Hubert Pierre & Dominique Labbé. (1988) Un modèle de partition du vocabulaire. In Dominique Labbé, Seran Daniel & Thoiron Philippe (eds.) : *Études sur la richesse et la structure lexicales.* Paris-Genève : Champion-Slatkine, 93-114.

Hubert Pierre & Labbé Dominique (1995). "La structure du vocabulaire du Général de Gaulle". In Bolasco & Al. (1995), tome II, 165-176.

Krukones Michael G. (1984). *Promises and Performance : Presidential Campaigns as Policy Predictors.* New York : University Press of America.

Labbé Cyril & Labbé Dominique (1994). *Que mesure la spécificité du vocabulaire ?* Grenoble : CERAT, décembre 1994 et juin 1997. Reproduit dans *Lexicometrica.* 3, 2001.

Labbé Cyril & Labbé Dominique (2005). "How to measure the meanings of words ? Amour in Corneille's work". *Language Resources Evaluation.* 39, 335-351.

Labbé Cyril & Labbé Dominique (2010). "La modalité verbale en français contemporain. Les hommes politiques et les autres". *Communication aux XIe Journées de l'ERLA.* Brest : 19 novembre 2010.

Labbé Cyril & Labbé Dominique (2011). "La classification des textes". *Images des mathématiques.* 28 mars 2011. (http://images.math.cnrs.fr/La-classification-des-textes.html).

Labbé Cyril, Labbé Dominique & Monière Denis (2008). "Les styles discursifs des premiers ministres québécois de Jean Lesage à Jean Charest". *Revue canadienne de science politique.* 41:1, mars 2008, 43-69.

Labbé Dominique (1981). "Moi et l'autre. Le débat Giscard d'Estaing-Mitterrand". *Revue Française de science politique.* XXXI-5-6, Octobre-décembre 1981, 951-981.

Labbé Dominique (1983). *F. Mitterrand. Essai sur le discours.* Grenoble : La pensée sauvage.

Labbé Dominique (1990a). *Le vocabulaire de François Mitterrand*, Paris, Presses de la Fondation nationale des sciences politiques.

Labbé Dominique (1990b). *Normes de saisie et de dépouillement des textes politiques.* Grenoble : Cahier du CERAT.

Labbé Dominique (1998). "Le «nous» du général de Gaulle". *Quaderni di studi linguistici.* 4/5, 1998, 331-354.

Labbé Dominique (2002a). "La lemmatisation des grandes bases de textes. Un exemple : Corneille, Molière et Racine". Communication au colloque *L'édition électronique en littérature et dictionnairique, évaluation et bilan.* Rouen : 17-21 juin 2002,

Labbé Dominique (2002c). "Le général de Gaulle en campagne". Communication aux IIIe Journées de l'ERLA, Brest, 15-16 novembre 2002. Reproduit dans Banks David (éd.), *Aspects linguistiques du texte de propagande.* Paris : l'Harmattan, 2005, 213-233.

Labbé Dominique (2010). *Le calcul du sens des mots. La lexicologie assistée par ordinateur.* Séminaire Mathématiques et société. Neuchâtel, 3 novembre 2010.

Labbé Dominique & Monière Denis (2003). *Le vocabulaire gouvernemental. Canada, Québec, France (1945-2000).* Paris : Champion.

Labbé Dominique & Monière Denis (2008a). "Des mots pour des voix : 132 discours pour devenir président de la République française". *Revue Française de Science Politique.* 58, 3, 433-455.

Labbé Dominique & Monière Denis (2008b). *Les mots qui nous gouvernent.* Montréal : Monière-Wollank Editeurs, 2008 (consultable sur HAL-SHS).

Labbé Dominique & Monière Denis (2010). "Quelle est la spécificité des discours électoraux? Le cas de Stephen Harper". *Canadian Journal of Political Science / Revue canadienne de science politique*. 43:1, (March/ mars 2010), 69–86.

Labbé Dominique & Monière Denis (2012). *Radioscopies de la campagne présidentielle*. 11 notes de recherche publiées par www.trielec2012.fr.

Leselbaum Jean & Labbé Dominique (2002). "Lexicographie assistée par ordinateur. Signification de "Banque" dans le vocabulaire économique". In Morin & Sébillot (2002). Vol. 2, 447-456.

Mayaffre Damon (2004). *Paroles de président. Jacques Chirac (1995-2003) et le discours présidentiel sous la Ve République*. Paris : Honoré Champion.

Mayaffre Damon (2012). *Nicolas Sarkozy. Mesure et démesure du discours 2007-2012*. Paris : Les Presses Science Po.

Marchand Pascal (1998). *L'analyse du discours assisté par ordinateur*. Paris : A. Colin.

Marchand Pascal (2007). *Le grand oral. Les discours de politique générale de la Ve République*. Bruxelles : De Boeck.

Matoré Georges (1973). *La Méthode en lexicologie*. Paris, Didier.

Monière Denis (1987). *Les politiciens sont-ils fiables ?* Montréal : Québec-Amérique.

Monière Denis (1988). *Le discours électoral*. Montréal : Éditions Québec-Amérique.

Monière Denis (1998). *Votez pour moi*. Montréal : Fides.

Monière Denis (2007). "La spirale de la négativité dans les campagnes électorales". *Options politiques*, avril 2007, p. 59-61.

Monière Denis (2008). "La guerre des mots". *Options politiques*, novembre 2008, p. 32-37.

Monière Denis (2010). *Pour comprendre le discours politique*. Montréal : Monière-Wollank Éditeurs.

Monière Denis (2012). *La spirale de la négativité dans les campagnes électorales canadiennes* de 2008 et de 2011. Journée d'étude : Comment convaincre ? Analyse scientifique de la campagne électorale 2012. Grenoble : Institut d'études politiques de Grenoble, 9 Mars 2012.

Monière Denis & Guay Jean H. (1994). *La bataille du Québec. Premier épisode : les élections fédérales de 1993*. Montréal : Éditions Fides.

Monière Denis & Guay Jean H. (1995). *La bataille du Québec. Deuxième épisode : les élections québécoises de 1994*. Montréal : Éditions Fides.

Monière Denis & Guay Jean H. (1996). *La bataille du Québec. Troisième épisode: 30 jours qui ébranlèrent le Canada*. Montréal : Éditions Fides.

Monière Denis, Labbé Cyril & Labbé Dominique (2005). "Les particularités d'un discours politique : les gouvernements minoritaires de Pierre Trudeau et de Paul Martin au Canada". *Corpus*, 4, p.79-104.

Morin Annie & Sébillot Pascale Eds (2002). *VIe Journées Internationales d'Analyse des Données Textuelles*. Rennes : IRISA-INRIA.

MOTS. Les langages du politique (2010). Trente ans d'étude des langages du politique (1980-2010). 94.

Peretti Gaël de (2005). La "mise en variables" des textes : mythe ou réalité ? *Bulletin de méthodologie sociologique*. Octobre 2005, 5-30.

Pfau Mickael & Kenski Henry C. (1990). *Attack politics*. New York : Preager.

Pibarot André, Picard Jacques & Labbé Dominique (1998), "Les syntagmes répétés dans l'analyse des commentaires libres", in Mellet Sylvie (ed). *4ᵉ Journées d'analyse des données textuelles*. Nice, 1998, 507-516.

Picoche Jacqueline (1977). *Précis de lexicologie française*. Paris : Nathan.

Roux Maurice (1985). *Algorithmes de classification*. Paris : Masson (ouvrage disponible sur http://www.imep-cnrs.com/docu/)

Roux Maurice (1994). *Classification des données d'enquête*. Paris : Dunod.

Saussure Ferdinand de (1916). *Cours de linguistique générale*. Publié par Charles Bally et Albert Séchehaye avec la collaboration d'Albert Reidlinger. Réédition critique par Tullio de Mauro, Paris : Payot, 1993.

Savoy Jacques (2010). "Discours électoral et discours présidentiel". In Bolasco Sergio & al. (Eds). Vol 2, 827-838.

Véronis Jean & Calvet Louis-Jean (2008). *Les mots de N. Sarkozy*. Paris : Seuil.

Veyrat-Masson Isabelle (dir.) (2011). *Médias et élections : La campagne présidentielle de 2007 et sa réception*. Paris : L'Harmattan.

Vielcanet Florence (2012). *La fabrique de présidents*. Paris : Éditions de la Martinière.

Annexes 1
Les thèmes spécifiques des candidats

1. Les thèmes de F. Bayrou et du Modem classés par quinzaine (en % du nombre total de mots, classement hiérarchique)

Quinzaines Thèmes	1	2	3	4	5	6	7	8	Moyenne
économie	6,2	6,0	6,8	8,0	5,4	5,2	5,4	5,3	6,0
éducation	5,1	6,1	8,1	4,7	5,9	5,4	6,3	5,1	5,8
déficit	4,7	5,3	5,0	6,2	4,1	4,6	4,3	3,9	4,8
Allemagne	3,6	4,6	4,5	3,2	4,2	3,8	4,4	3,8	4,0
Europe	4,3	4,2	2,4	4,1	5,6	3,6	3,6	3,7	3,9
fiscalité	3,8	3,4	4,5	4,9	3,0	3,1	3,1	3,3	3,6
emploi-chômage	2,9	4,3	3,6	3,8	3,3	3,6	3,6	3,7	3,6
moralisation	3,1	3,0	2,4	3,5	3,0	3,5	3,6	2,7	3,1
entreprise	3,2	2,6	3,1	2,7	3,0	4,2	3,0	2,4	3,0
Grèce	2,5	2,2	1,9	5,3	2,4	2,7	2,6	2,4	2,7
famille	2,8	2,5	2,6	2,1	2,8	2,8	2,6	2,6	2,6
industrie	2,7	2,2	2,0	1,8	2,4	2,9	2,4	3,1	2,4
solidarité	2,6	2,0	2,0	2,5	2,3	2,6	2,3	3,6	2,5
classe	1,6	1,9	2,2	2,4	2,7	2,5	2,8	1,4	2,2
culture	3,3	1,9	2,3	2,1	2,3	2,0	2,1	1,7	2,2
travail	2,0	2,3	2,8	2,2	2,3	2,0	2,1	2,5	2,3
revenu	2,1	1,9	2,2	2,1	2,7	2,3	2,3	2,3	2,2
santé	2,4	1,8	1,6	2,4	2,3	2,3	2,4	2,5	2,2
territoire	1,6	1,8	2,0	2,1	2,5	2,0	2,7	1,7	2,1
femme	2,0	1,7	2,2	2,2	2,6	1,8	2,2	1,6	2,0
retraite	1,7	1,9	2,2	1,6	2,1	2,1	2,1	2,5	2,0
jeunesse	1,5	1,8	1,4	1,6	1,8	2,1	2,0	1,6	1,7
ville	1,7	2,2	1,4	1,4	1,8	1,6	1,7	1,1	1,6
société	1,2	2,0	1,0	1,8	1,3	3,2	1,1	1,2	1,6
logement	1,1	1,2	1,8	1,5	1,6	1,1	1,4	1,2	1,4
immigration	0,9	1,6	1,2	0,7	1,4	1,8	1,6	1,2	1,3
justice	1,3	0,8	1,0	0,8	1,2	0,9	1,5	2,0	1,2
formation	0,6	0,4	1,5	1,6	1,0	0,5	0,6	0,7	0,9
banque	0,5	1,5	0,7	0,6	0,9	0,7	0,9	1,0	0,8
agriculture	0,4	0,5	0,7	0,2	0,5	0,4	0,4	0,4	0,4

2. Les thèmes de F. Hollande et du PS classés par quinzaine (premier tour, en % du nombre total de mots, classement hiérarchique)

Quinzaines Thèmes	1	2	3	4	5	6	7	8	Moyenne
économie	6,9	6,4	6,4	6,8	6,5	4,8	6,1	7,5	6,4
éducation	5,0	5,1	5,8	4,6	5,3	7,6	4,9	4,7	5,4
emploi-chômage	4,1	5,7	3,4	5,6	3,7	3,6	5,8	3,6	4,4
Europe	3,3	5,0	4,1	3,8	4,5	5,6	3,4	4,5	4,3
déficit	4,2	4,2	3,5	3,4	3,6	3,3	3,9	4,6	3,8
jeunesse	3,5	3,2	3,4	3,4	3,4	3,9	4,4	3,7	3,6
fiscalité	4,8	4,0	3,4	3,6	3,8	2,5	3,7	2,9	3,6
justice	2,9	3,3	4,9	3,3	2,9	3,4	3,1	2,5	3,3
culture	2,7	5,1	2,7	2,2	2,6	4,4	2,5	2,9	3,1
entreprise	2,8	3,4	3,2	2,5	3,2	2,4	3,8	3,0	3,1
quartier	3,2	3,1	2,5	2,9	2,5	3,0	2,6	3,1	2,9
environnement	3,2	2,5	2,7	2,3	3,0	2,6	2,7	2,6	2,7
immigration	2,5	2,6	1,9	2,4	3,4	2,9	2,1	2,3	2,5
industrie	2,1	2,4	2,9	2,4	2,2	2,2	2,1	2,3	2,3
sécurité	1,8	2,1	1,6	2,5	2,0	2,6	1,9	1,8	2,0
collectivité	1,9	1,8	2,0	1,6	2,2	2,2	2,1	1,7	1,9
retraite	2,0	2,3	1,5	2,4	1,7	1,3	1,7	2,1	1,9
femme	1,7	1,4	1,6	1,9	2,9	1,5	1,8	1,6	1,8
formation	2,1	1,6	2,5	2,0	1,3	1,7	1,6	1,4	1,8
travail	1,7	1,0	3,4	2,6	1,1	1,1	2,0	1,3	1,8
sport	1,2	1,3	4,7	1,0	1,2	1,5	1,8	1,2	1,7
banque	1,3	2,1	2,5	1,2	1,3	1,2	2,0	1,6	1,6
logement	1,7	1,5	2,6	1,4	1,6	1,2	1,5	1,3	1,6
société	1,3	2,2	2,0	1,3	1,4	1,2	1,1	1,5	1,5
revenu	1,6	2,0	1,2	1,5	1,8	1,2	1,4	1,2	1,5
famille	1,8	1,3	1,1	2,1	1,6	1,1	1,3	1,3	1,4
classe	1,8	1,5	1,2	1,3	1,5	1,1	1,4	1,8	1,4
agriculture	1,3	1,0	1,1	1,7	1,3	1,3	1,4	1,4	1,3

3. Les thèmes de M. Le Pen et du FN classés par quinzaine (en % du nombre total de mots, classement hiérarchique)

Quinzaines Thèmes	1	2	3	4	5	6	7	8	Moyenne
économie	10,4	7,1	6,1	5,1	2,8	4,4	8,4	7,5	6,5
Europe	5,3	5,5	4,3	9,2	5,0	6,7	6,7	5,6	6,0
nation	5,1	6,9	2,4	3,4	5,7	2,8	4,1	3,8	4,3
immigration	6,5	6,2	4,4	4,2	2,4	3,4	2,7	1,5	3,9
argent	5,0	5,3	5,1	3,0	2,9	3,1	1,6	4,8	3,8
mondialisation	4,9	4,6	2,9	3,3	2,4	2,3	1,4	1,9	2,9
défense	0,9	2,6	2,3	3,1	5,6	4,6	2,0	1,4	2,8
sécurité	2,4	1,5	1,2	2,1	1,5	0,4	5,6	6,2	2,6
classe	3,1	3,7	0,8	3,4	1,0	1,7	2,8	2,4	2,4
éducation	1,3	1,3	0,7	3,3	0,0	3,8	2,0	4,1	2,1
chômage	4,0	2,6	1,8	0,5	0,3	1,2	2,6	3,5	2,1
famille	3,0	2,1	0,9	1,0	0,0	1,9	4,7	2,6	2,0
culture	0,9	1,4	1,9	2,5	0,7	4,2	0,8	0,8	1,7
agriculture	0,9	1,0	0,0	1,8	1,0	0,6	1,2	1,5	1,0
jeunesse	0,7	1,1	0,0	1,0	0,9	1,9	0,3	1,7	1,0
salaire	1,0	0,9	2,1	1,5	0,0	0,0	0,6	0,6	0,8
femme	0,8	0,7	1,4	1,1	0,0	1,4	0,6	0,5	0,8

4. Les thèmes de N. Sarkozy et de l'UMP classés par quinzaine (premier tour, en % du nombre total de mots, classement hiérarchique)

Quinzaines Thèmes	1	2	3	4	5	6	7	8	Moyenne
éducation	12,7	8,8	4,9	2,6	19,1	3,9	5,6	5,6	7,9
entreprise	4,7	5,9	6,5	7,0	6,2	7,1	7,9	7,6	6,6
crise	6,3	7,8	9,1	6,4	5,1	5,6	6,0	5,9	6,5
chômage	4,1	8,3	7,3	7,8	5,1	5,2	5,1	5,8	6,1
Europe	5,0	3,9	6,6	5,1	4,0	9,1	4,8	7,2	5,7
finance	5,0	5,0	4,1	4,6	3,7	4,3	4,1	4,7	4,4
jeunesse	2,5	3,6	3,5	3,1	3,4	3,3	5,7	4,3	3,7
famille	5,6	2,1	2,8	3,4	2,6	3,4	3,6	5,7	3,6
travail	3,0	2,8	3,1	7,1	3,5	2,8	3,4	3,2	3,6
sécurité	1,5	5,1	5,5	1,9	1,9	4,2	4,3	2,6	3,3
fiscalité	6,2	3,6	3,7	1,9	3,2	2,6	2,5	2,7	3,3
agriculture	1,9	2,4	2,6	3,9	2,8	3,0	2,9	2,7	2,8
logement	2,0	3,1	3,8	2,2	2,2	2,5	2,5	2,2	2,6
immigration	1,6	1,5	1,7	2,2	2,9	2,6	2,9	2,6	2,3
femme	1,0	1,0	1,7	2,1	2,1	2,4	2,5	3,0	2,0
retraite	2,0	1,7	1,0	1,6	1,3	1,3	2,4	2,2	1,7
justice	0,8	2,1	2,5	1,2	1,1	1,6	1,4	0,8	1,4
revenu	0,7	1,1	0,9	1,0	0,8	1,2	0,9	1,1	0,9

Annexe 2

Poids des thèmes spécifiques chez F. Hollande entre le premier tour et le second tour (en % du nombre de mots)

	1er tour	2nd tour	Evolution 1er/2nd tour (%)
économie	6,5	7,0	+7
éducation	5,1	3,3	**-36**
emploi-chômage	4,5	4,8	+6
Europe	4,3	4,4	+2
déficit	3,8	3,7	-2
jeunesse	3,6	3,5	-2
fiscalité	3,6	3,6	0
justice	3,3	3,0	-7
culture	3,1	2,4	**-22**
entreprise	2,9	2,0	**-32**
quartier	2,9	2,9	-1
environnement	2,7	2,5	-7
immigration	2,8	4,7	**+69**
industrie	2,3	2,1	-9
sécurité	2,0	1,7	**-15**
collectivité	2,0	2,3	**+18**
retraite	1,8	1,3	**-27**
femme	1,8	1,8	+2
formation	1,7	1,3	**-26**
travail	1,8	2,4	**+30**
sport	1,7	1,5	-10
banque	1,6	1,2	**-24**
logement	1,5	0,6	**-60**
société	1,5	1,2	**-16**
revenu	1,4	1,2	**-19**
famille	1,4	1,2	**-17**
classe	1,4	1,0	**-30**
agriculture	1,3	1,5	+9

Annexe 3

Poids des thèmes spécifiques chez N. Sarkozy et l'UMP entre le premier tour et le second tour (en % du nombre de mots)

	1er tour	2nd tour	Evolution 1er/2nd tour (%)
éducation	7,4	3,6	**-51**
entreprise	6,5	6,0	-9
crise	6,5	6,0	-8
chômage	6,1	6,0	-2
Europe	5,6	5,0	**-11**
finance	4,5	5,1	**+14**
jeunesse	3,6	2,6	**-26**
famille	3,6	3,7	+2
travail	3,5	2,5	**-29**
sécurité	3,3	3,3	-1
fiscalité	3,4	3,9	**+15**
agriculture	2,8	2,8	0
logement	2,6	2,7	+6
immigration	2,5	4,8	**+90**
femme	2,0	2,1	+4
retraite	1,7	1,9	+11
justice	1,4	1,2	**-16**
revenu	1,0	1,3	**+30**

Politique
aux éditions L'Harmattan

Dernières parutions

TRIPLES A DE LA BIO-ÉCONOMIE
Efficacité, sobriété et diversité de la croissance verte
Le CLUB des Bio-économistes, ouvrage coordonné par Claude Roy
Dans cinquante ans tout au plus, ce qui fonde notre civilisation et notre confort sera menacé de rareté (eau, alimentation, énergie...) ou de dérèglement (climat). Or face à ces menaces, les ressources renouvelables de la terre, des forêts, et les hommes qui les cultivent et les valorisent, détiennent une part cruciale des réponses. Comment ? Ces réflexions nous livrent un exceptionnel concentré de développement durable, riche de données et de synthèses, pour voir loin et large, et pour assumer l'avenir avec cohérence.
(Coll. Développement durable, 30.50 euros, 294 p.)
ISBN : 978-2-296-99739-4, ISBN EBOOK : 978-2-296-51161-3

RENOUVEAU DU NUCLÉAIRE APRÈS FUKUSHIMA
Monfort Julie, Du Castel Viviane
L'énergie nucléaire, controversée suite à l'accident de la centrale nucléaire de Fukushima, revient sur le devant de la scène, tant ses avantages supplantent les risques potentiels. La raréfaction des hydrocarbures, les incertitudes géopolitiques, la volatilité des prix amènent une conjoncture qui favorise l'énergie nucléaire à usage civil.
(Coll. Géoéconomie et Géofinance, 22.00 euros, 224 p.)
ISBN : 978-2-296-99797-4, ISBN EBOOK : 978-2-296-51185-9

ÉTAT-PROVIDENCE ET LES JEUNES
Chevalier Tom - Préface de Bruno Palier
La jeunesse est de plus en plus présente au cœur des préoccupations publiques. En témoignent l'insistance du président François Hollande à se présenter comme le président de la jeunesse et sa proposition d'une allocation d'autonomie. Cet ouvrage compare les deux périodes où la question de la mise en place de cette allocation a été discutée, et explique comment la politique familiale a été privilégiée, aux dépens de ce type de prestation favorisant l'indépendance des jeunes.
(Coll. Inter-National, 19.00 euros, 194 p.)
ISBN : 978-2-296-99741-7, ISBN EBOOK : 978-2-296-51137-8

SAUVER LA SÉCURITÉ SOCIALE – Question de générations
Peraldi Olivier, Jeger François
Près de 70 ans après sa naissance, faut-il sauver la Sécu ? Retraites de plus en plus coûteuses, car de plus en plus longues, nouvelles pathologies, mais aussi nouveaux enjeux tels le renoncement aux soins et la pénurie des médecins... La Sécurité sociale concentre toutes les interrogations sur le modèle de société laissé aux générations suivantes, semant le doute chez les jeunes quant à la solidarité intergénérationnelle.
(15.50 euros, 148 p.)
ISBN : 978-2-336-00184-5, ISBN EBOOK : 978-2-296-51089-0

MONTÉE DE L'EXTRÊME DROITE EN FRANCE
Le cas du département de la Somme (CD inclus)
Nkunzumwami Emmanuel
Le présent ouvrage présente et analyse les évolutions de la sociologie électorale en France au cours du quinquennat de Nicolas Sarkozy. L'auteur apporte ici un éclairage sur les évolutions comparées des formations politiques engagées sur le terrain des batailles électorales. Le lecteur pourra ainsi suivre les évolutions du paysage électoral dans les communes, les cantons

et les circonscriptions, ainsi que l'implantation de plus en plus forte de l'extrême droite dans le département de la Somme.
(31.00 euros, 264 p.) ISBN : 978-2-336-00576-8, ISBN EBOOK : 978-2-296-51106-4

BELLES-MÈRES (LES) ET LA POLITIQUE
Réguer-Petit Manon - Préface de Florence Haegel
Plus d'un million d'enfants mineurs vivent aujourd'hui dans une famille recomposée. Mêlant des approches quantitatives et qualitatives, ce livre explore pour la première fois l'impact de la beau-parentalité sur les systèmes de valeurs des femmes et le rôle des belles-mères dans la transmission de valeurs et de préférences politiques.
(Coll. Inter-National, 19.00 euros, 188 p.)
ISBN : 978-2-336-00330-6, ISBN EBOOK : 978-2-296-51096-8

CHUTE (LA) DE LA SARKOZYE – Chronique de la fin d'un quinquennat
Debbasch Charles
Avec ce livre, Charles Debbasch achève l'analyse de la société française et internationale durant le mandat de Nicolas Sarkozy. Il livre ses réflexions sur les mutations de la France dans la période charnière marquée par la campagne présidentielle et l'échec de Sarkozy : cette chronique aidera à mieux comprendre les lignes de force de la France contemporaine.
(33.00 euros, 328 p.) ISBN : 978-2-296-99743-1, ISBN EBOOK : 978-2-296-51111-8

QUE RESTE-T-IL DU SOCIALISME ?
Tarondeau Jean-Claude
Cet ouvrage retrace l'histoire de l'utopie qui, au XIXe siècle, donne naissance au socialisme et décrit les principales expériences qui ont été menées en son nom. Les expériences socialistes limitées comme celle des Acadiens ont disparu rapidement, les plus grandes ont engendré des dictatures qui se sont effondrées comme en URSS ou qui ont renoncé au socialisme comme en Chine. Il montre enfin comment le socialisme d'aujourd'hui s'adapte aux réalités et rejette les utopies qui l'ont fait naître.
(Coll. Questions contemporaines, 18.50 euros, 190 p.)
ISBN : 978-2-336-00547-8, ISBN EBOOK : 978-2-296-50753-1

INTERNATIONALE (L') DE L'INTELLIGENCE – Pour une mondialisation éclairée !
Guyot Gilles - Préface de Francine Demichel
«Si l'on veut que la mondialisation ne soit pas pilotée selon les impératifs financiers, il est temps que se développe l'internationalisation des savoirs.» L'»internationale de l'intelligence» est la solution aux dérives actuelles de la mondialisation et l'enseignement supérieur français, très dynamique dans ce domaine, a une carte à jouer pour le plus grand bien de notre pays.
(22.00 euros, 232 p.) ISBN : 978-2-336-00557-7, ISBN EBOOK : 978-2-296-50757-9

DOUZE (LES) TRAVAUX D'HERCULE DU NOUVEAU PRÉSIDENT
Sous la direction de Hubert Lévy-Lambert et Laurent Daniel
Ce livre explique les enjeux qui sous-tendent les décisions politiques attendues du nouveau Président. Il est orienté vers la recherche d'une réduction rapide du déficit public et du déficit extérieur. Les lecteurs y trouveront matière à réflexion sur certains choix stratégiques comme le recrutement de nouveaux fonctionnaires, le retour de la retraite à 60 ans, l'encadrement des loyers ou l'abandon de la TVA «sociale». La plupart des auteurs sont membres de «X Sursaut», regroupant plusieurs centaines de polytechniciens.
(Coll. Questions contemporaines, 24.00 euros, 234 p.)
ISBN : 978-2-296-99503-1, ISBN EBOOK : 978-2-296-50726-5

CADRE (LE) JURIDIQUE DE LA CAMPAGNE PRÉSIDENTIELLE
Sous la direction de Jordane Arlettaz et Séverine Nicot
Les campagnes présidentielles font-elles l'objet d'un traitement juridique particulier, en réponse à l'enjeu politique et citoyen des élections qu'elles précèdent ? Le cadre normatif est-il adapté aux campagnes présidentielles ? Le droit de la campagne est-il un droit dérogatoire ? Le candidat est-il un sujet de droit comme les autres ?
(Coll. Questions contemporaines, 18.00 euros, 178 p.)
ISBN : 978-2-296-96303-0, ISBN EBOOK : 978-2-296-50766-1

UN HOMME ÉLÉGANT
Quarante mois auprès de Jacques Chirac
Lugan Benoît
Entre 1998 et 2001, Benoît Lugan fut l'un des aides de camp du Président de la République Jacques Chirac. Alors au contact permanent de celui-ci, il a pu en observer les principaux traits de caractère. Rigoureux et inquiet, attentif et courtois, pudique et généreux, courageux et sensuel, doué d'un remarquable sens tactique et d'une prodigieuse mémoire, et enfin tout à la fois fataliste et opiniâtre : ainsi est décrit, au travers de nombreux événements vécus, le tempérament de l'ancien chef de l'État.
(13.50 euros, 118 p.) ISBN : 978-2-296-96301-6, ISBN EBOOK : 978-2-296-50641-1

RÉCONCILIER DÉMOCRATIE ET GESTION
Brilman Jean
Sur la base d'une vulgarisation synthétique de sources incontestables (rapports de la Cour des comptes, de l'Inspection des finances, du FMI, etc.) l'auteur met en évidence les dérives économiques et sociologiques de la démocratie contemporaine à l'origine de la dette française. L'étroit chemin qui permettrait de stabiliser la dette sans trop dégrader la croissance passe par un assouplissement monétaire et une politique économique visant à restaurer la compétitivité, une réduction du nombre excessif des collectivités publiques.
(Coll. Questions contemporaines, 26.00 euros, 252 p.)
ISBN : 978-2-296-99715-8, ISBN EBOOK : 978-2-296-50668-8

RGPP ET RÉFORME DES COLLECTIVITÉS TERRITORIALES
Sous la direction de Jean-Claude Nemery
La RGPP (Révision Générale des Politiques Publiques) est un programme en cours d'une grande portée pour la réforme de l'État français, dont un aspect clé réside dans la refondation de l'État «territorial». Quel est l'impact de la RGPP sur l'administration territoriale de l'État et quelle est son incidence sur les collectivités locales ?
(Coll. Grale, 28.00 euros, 272 p.)
ISBN : 978-2-336-00149-4, ISBN EBOOK : 978-2-296-50638-1

RÉGIONS (LES) FRANÇAISES AU MILIEU DU GUÉ
Plaidoyer pour accéder à l'autre rive
Bénéteau Alain, Mallet Louis, Catlla Michel - Préface de Michel Rocard
2012, la région a trente ans. La dernière-née des collectivités territoriales a-t-elle trouvé sa place dans le système institutionnel français et répondu aux attentes de ses créateurs ? Si l'institution régionale est pleinement entrée dans le paysage politique français, les difficultés et les contradictions qui ont accompagné sa naissance ne l'ont pas quittée. La région est encore fragile, et donc pas encore stabilisée.
(Coll. Questions contemporaines, 18.50 euros, 186 p.)
ISBN : 978-2-336-00293-4, ISBN EBOOK : 978-2-296-50650-3

MISSIONS D'OBSERVATION DES ÉLECTIONS
Ndoumou Fabien Désiré
L'essor des missions d'observation des élections est lié à la vague démocratique des années 1980 et 1990, qui a entraîné nombre d'États totalitaires à adopter les principes de la démocratie représentative. Elles ont connu un succès mitigé, l'espoir placé en elles s'est effrité. Plusieurs raisons à cela : les divergences de vue, les difficultés de terrain et le paternalisme lié au statut même de l'observateur. Quelle réflexion face à cette situation ?
(Coll. Défense, Stratégie et Relations Internationales, 46.00 euros, 450 p.)
ISBN : 978-2-296-96565-2, ISBN EBOOK : 978-2-296-50544-5

GUIDE DE SURVEILLANCE ET D'OBSERVATION DES ÉLECTIONS
Ewangui Céphas Germain
Préface d'Henri Bouka
Conduire avec succès les processus électoraux est une condition *sine qua non* pour la légitimité des dirigeants et les institutions de tout État qui se veut démocratique. Cependant, réussir ce pari exige non seulement l'engagement et l'enthousiasme des parties prenantes, mais aussi

le savoir, la maîtrise des mécanismes pour conduire à la fois les élections et les missions d'observation électorale.
(Coll. Harmattan Congo, 10.00 euros, 58 p.)
ISBN : 978-2-296-99673-1, ISBN EBOOK : 978-2-296-50708-1

THÉORIE (LA) DU COMPLOT : UN MYTHE ?
Mezaguer Sarah
Cet essai analyse les raisons ayant permis à la théorie du complot de trouver, ces dernières décennies, une résonance particulière dans notre société. Il revient tout d'abord sur sa propagation et les raisons qui font que l'on y adhère. Tout en semblant *a priori* exacerber l'angoisse, la théorie du complot permet finalement de la canaliser. C'est dans un climat de confusion où l'on croit enfin avoir les clés pour comprendre le monde alors qu'il ne cesse de se complexifier que s'épanouit ce type de théorie.
(15.50 euros, 152 p.) ISBN : 978-2-296-96728-1, ISBN EBOOK : 978-2-296-50338-0

FACE AUX NOUVEAUX MAÎTRES
Staraselski Valère - Préface de Vincet Ferrier
Avec cet ouvrage, l'auteur entre une nouvelle fois dans le champ de bataille contre les fauteurs contemporains d'aliénation humaine. Le marché, et surtout son arsenal idéologique : voilà l'ennemi. Voici une sélection d'articles, de communications, d'entretiens, d'allocutions parus dans *L'Humanité*, *Libération*, *Témoignage chrétien*, sur les sites Vendémiaire, Communisme 21, Altaïr, Transitions, La faute à Diderot et de la Fondation Gabriel Péri de 2003 à 2012.
(24.00 euros, 244 p.) ISBN : 978-2-296-99291-7, ISBN EBOOK : 978-2-296-50458-5

HAUT COMMISSARIAT (LE) DES NATIONS UNIES POUR LES RÉFUGIÉS (HCR) FACE AUX CATASTROPHES NATURELLES – Ce que le tsunami de 2004 a changé
Maertens Lucile - Préface de Bertrand Badie
S'étant consacré jusque-là à la protection des migrants déplacés pour des raisons exclusivement politiques, le HCR est intervenu auprès des victimes du tsunami en 2004. Pourtant qualifiée d'»exceptionnelle» par le Haut Commissaire Lubbers, cette opération a marqué le début d'une série d'interventions destinées aux victimes de catastrophes naturelles. Le champ d'intervention du HCR a changé depuis le tsunami.
(Coll. Perspectives organisationnelles, 16.00 euros, 156 p.)
ISBN : 978-2-296-96280-4, ISBN EBOOK : 978-2-296-50281-9

INDIVIDU (L') DANS LES RELATIONS INTERNATIONALES
Le cas du médiateur Martti Ahtisaari
Dieckhoff Milena - Préface d'Alvaro de Soto
La médiation internationale vise, par l'insertion d'un tiers médiateur, la résolution pacifique des conflits. Mais quelle est la part revenant en propre à l'individu-médiateur dans cet exercice délicat qu'est la médiation entre deux parties en conflit ? Centrée sur l'analyse du médiateur finlandais Martti Ahtisaari, prix Nobel de la paix en 2008, cette étude rend compte des déterminants qui façonnent l'action médiatrice et des facteurs qui assurent une marge de liberté à l'individu-médiateur.
(Coll. Inter-National, série Première Synthèse, 18.00 euros, 178 p.)
ISBN : 978-2-296-96439-6, ISBN EBOOK : 978-2-296-50320-5

DÉLIBÉRATION ET GOUVERNANCE – L'émergence d'une logique d'action ?
Sous la direction de Patrick Quantin et Andi Smith
Passer du gouvernement à la gouvernance, est-ce ouvrir la porte à plus de délibération, c'est-à-dire une logique d'action fondée sur l'argumentation publique ? Cette manière d'opérer et de légitimer des décisions se substitue-t-elle aux procédures préexistantes ou forme-t-elle des «instances» supplémentaires qui compliquent l'action publique ? Ces contributions identifient les conditions qui encouragent ou découragent l'émergence de la délibération comme logique d'action sociétale et gouvernementale.
(Coll. Logiques politiques, 27.00 euros, 274 p.)
ISBN : 978-2-296-99687-8, ISBN EBOOK : 978-2-296-50456-1

L'HARMATTAN, ITALIA
Via Degli Artisti 15; 10124 Torino

L'HARMATTAN HONGRIE
Könyvesbolt ; Kossuth L. u. 14-16
1053 Budapest

ESPACE L'HARMATTAN KINSHASA
Faculté des Sciences sociales,
politiques et administratives
BP243, KIN XI
Université de Kinshasa

L'HARMATTAN CONGO
67, av. E. P. Lumumba
Bât. – Congo Pharmacie (Bib. Nat.)
BP2874 Brazzaville
harmattan.congo@yahoo.fr

L'HARMATTAN GUINÉE
Almamya Rue KA 028, en face du restaurant Le Cèdre
OKB agency BP 3470 Conakry
(00224) 60 20 85 08
harmattanguinee@yahoo.fr

L'HARMATTAN CAMEROUN
BP 11486
Face à la SNI, immeuble Don Bosco
Yaoundé
(00237) 99 76 61 66
harmattancam@yahoo.fr

L'HARMATTAN CÔTE D'IVOIRE
Résidence Karl / cité des arts
Abidjan-Cocody 03 BP 1588 Abidjan 03
(00225) 05 77 87 31
etien_nda@yahoo.fr

L'HARMATTAN MAURITANIE
Espace El Kettab du livre francophone
N° 472 avenue du Palais des Congrès
BP 316 Nouakchott
(00222) 63 25 980

L'HARMATTAN SÉNÉGAL
« Villa Rose », rue de Diourbel X G, Point E
BP 45034 Dakar FANN
(00221) 33 825 98 58 / 77 242 25 08
senharmattan@gmail.com

L'HARMATTAN TOGO
1771, Bd du 13 janvier
BP 414 Lomé
Tél : 00 228 2201792
gerry@taama.net

592031 - Décembre 2014
Achevé d'imprimer par